MEER
RUSSLAND
FINNLAND
SCHWEDEN
HELSINKI
STOCKHOLM
TALLINN
ESTLAND
RIGA
LETTLAND
LITAUEN
VILNIUS
MINSK
MOSKAU
POLEN
WARSCHAU
BELARUS
KIEW
UKRAINE
PRAG
BUKAREST
SOFIA
ROM
TIRANA
ALBANIEN
ATHEN
Schwarzes Meer
ANKARA
TÜRKEI
BAKU
Kaspisches Meer
ASTANA
KASACHSTAN
USBEKISTAN
TURKMENISTAN
TASCHKENT
BISCHKEK
DUSCHANBE
ASCHGABAT
TEHERAN
IRAN
KABUL
AFGHANISTAN
ISLAMABAD
PAKISTAN
NEU-DELHI
INDIEN
KATHMANDU
THIMPHU
DHAKA
ULAANBAATAR
MONGOLEI
ASIEN
CHINA
PEKING
NORDKOREA
PJÖNGJANG
SEOUL
SÜDKOREA
JAPAN
TOKIO
PAZIFISCHER
OZEAN
TAIPEH
TAIWAN
HANOI
MYANMAR
NAYPYIDAW
VIENTIANE
THAILAND
BANGKOK
VIETNAM
PHNOM PENH
MANILA
PHILIPPINEN
MALAYSIA
KUALA LUMPUR
SINGAPUR
INDONESIEN
JAKARTA
PAPUA-NEUGUINEA
PORT MORESBY
MIKRONESIEN
MARSHALLINSELN
NAURU
TUVALU
SALOMONEN
VANUATU
FIDSCHI
AUSTRALIEN
CANBERRA
NEUSEELAND
WELLINGTON
MITTELMEER
TUNIS
MALTA
TRIPOLIS
LIBYEN
KAIRO
ÄGYPTEN
DAMASKUS
BAGDAD
IRAK
KUWAIT
SAUDI-ARABIEN
RIAD
ABU DHABI
MASKAT
OMAN
JEMEN
SANAA
SUDAN
KHARTUM
TSCHAD
N'DJAMENA
AFRIKA
ERITREA
DSCHIBUTI
ADDIS ABEBA
ÄTHIOPIEN
SOMALIA
MOGADISCHU
SÜDSUDAN
JUBA
ZENTRALAFRIKANISCHE REPUBLIK
BANGUI
KAMERUN
YAOUNDÉ
KAMPALA
KENIA
NAIROBI
DEM. REP. KONGO
KINSHASA
BUJUMBURA
DODOMA
TANSANIA
ANGOLA
SAMBIA
LUSAKA
MALAWI
LILONGWE
HARARE
SIMBABWE
MOSAMBIK
NAMIBIA
WINDHUK
BOTSUANA
GABORONE
PRETORIA
MAPUTO
SÜDAFRIKA
KOMOREN
ANTANANARIVO
MADAGASKAR
MAURITIUS
SEYCHELLEN
MALEDIVEN
COLOMBO
SRI LANKA
INDISCHER
OZEAN
Südlicher Polarkreis
SÜDPOLARMEER
N
W
O

DER WELT ATLAS

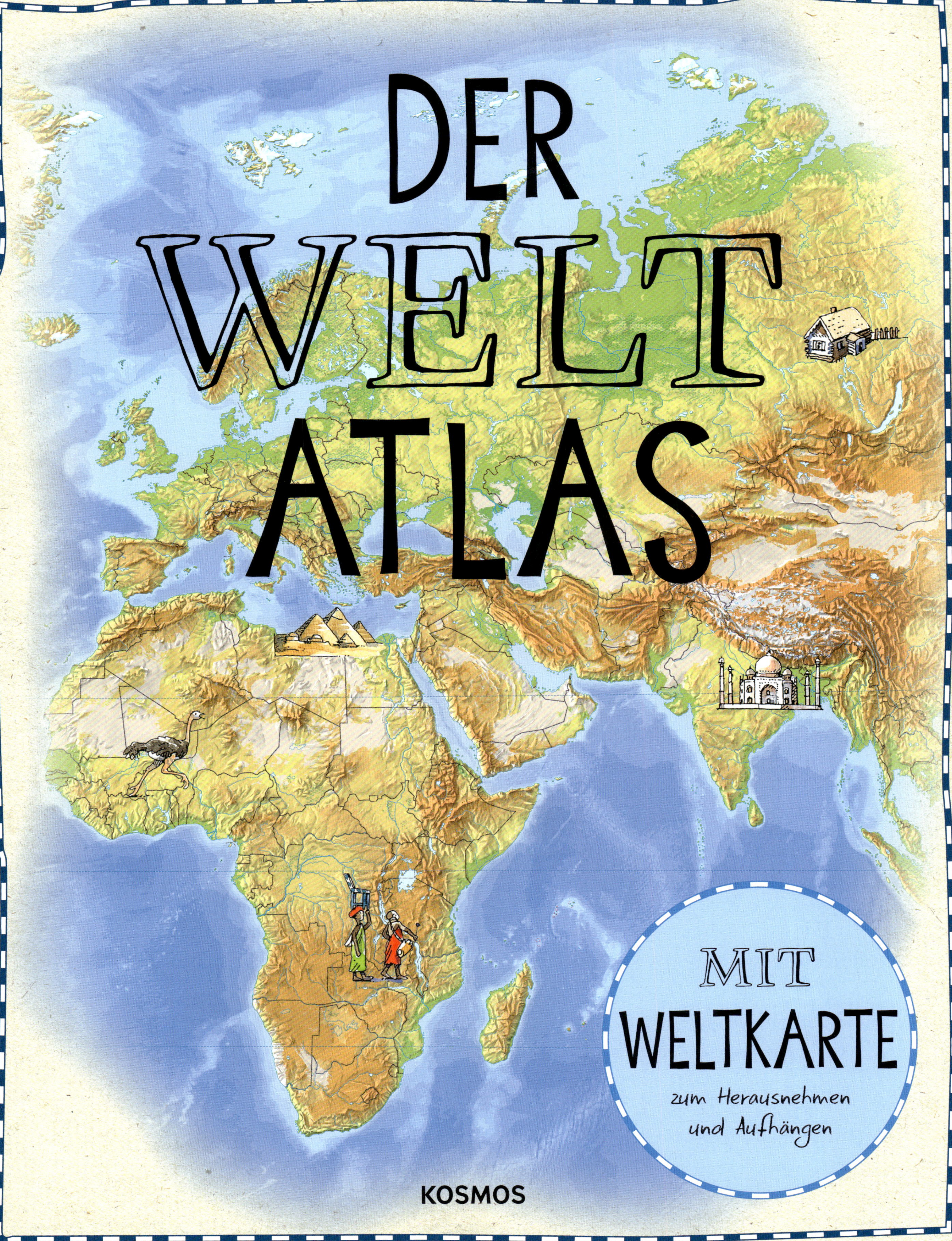

MIT WELTKARTE

zum Herausnehmen und Aufhängen

KOSMOS

INHALT

EUROPA

ASIEN

AUSTRALIEN & OZEANIEN

AMERIKA

AFRIKA

ARKTIS & ANTARKTIS

WIE BENUTZE ICH MEINEN ATLAS?

Herzlich willkommen zu einer spannenden Reise durch die ganze Welt!

Kennst du den höchsten Vulkan, den größten See oder den längsten Fluss in Europa? Oder weißt du, welche Länder zu Europa gehören, wie groß der Kontinent ist und wie viele Menschen dort leben? Dann bist du auf der Kontinentseite zu Europa genau richtig. Interessierst du dich dagegen für ein bestimmtes Gebiet oder ein einzelnes Land, dann schaust du besser auf der entsprechenden Regionenseite nach.

Auf den ausklappbaren Tier- und Pflanzenseiten findest du die typischen Tiere und Pflanzen des jeweiligen Erdteils auf einen Blick. Außerdem gibt es noch andere Extraseiten mit jeder Menge Zusatzwissen – etwa über Europa-Politik, die sieben Weltwunder, indigene Naturvölker, das Weltall oder die Entstehung unseres Planeten. Und nun viel Spaß bei deinen Entdeckungsreisen!

1 RAHMEN UND ERKENNUNGSFARBEN

Jeder Kontinent mit den dazugehörigen Ländern hat eine eigene Farbe. Alle Seiten zu Europa erkennst du zum Beispiel am blauen Rahmen.

2 WELTKUGEL

Auf der Weltkugel ist immer der Kontinent markiert, um den es gerade geht. Auf den Regionenseiten kannst du zusätzlich erkennen, wo sich die vorgestellten Länder auf dem Kontinent befinden.

3 INFOTEXT

Die Infotexte informieren dich ausführlich über die Kontinente und die einzelnen Länder, zum Beispiel über Lage, Wetter oder geografische Besonderheiten wie Gebirge, Wüsten oder lange Flüsse. Du wirst staunen, wie vielfältig und verschiedenartig unsere Welt ist!

4 KARTE

Auf jeder Kontinent- und Regionenseite findest du eine Karte. Darauf kannst du sehen, wo die einzelnen Länder liegen, wie die größten Städte und Flüsse heißen und wo es hohe Gebirge oder karge Wüsten gibt.

A KONTINENTSEITEN

Alle Kontinentseiten kannst du aufklappen – entweder nach rechts oder nach unten, je nachdem, welche Form der Kontinent hat.
Hier gibt es viel zu entdecken: Welche Länder dort liegen, die Geografie des Kontinents, seine Besonderheiten und Rekorde.
Auf dem Rücken der Aufklappseite erfährst du etwas über die Geschichte des Kontinents oder seine Entdeckung.

B WELTKARTE ZUM AUFHÄNGEN

Hänge dir die Welt in dein Kinderzimmer! Auf dem Poster zum herausnehmen ganz hinten im Buch kannst du die Orte suchen, wo du schon mal warst, wo deine besten Freunde herkommen oder wo du unbedingt mal hin möchtest.

C REGIONENSEITEN

Die Länder sind nach Regionen geordnet. Spanien findest du somit gemeinsam mit Frankreich, Portugal und Italien auf der Seite »Der Südwesten Europas«.

5 ZEICHNUNGEN

Die Erklärungen zu den kleinen Zeichnungen verraten dir spannendes Extrawissen: Es geht um landestypische Spezialitäten,
Musikinstrumente, Sportarten, berühmte Gebäude und vieles mehr. Schau dir die Karte genau an. Alle Zeichnungen findest du in den entsprechenden Regionen auf der Karte wieder!

6 MASSSTAB UND WINDROSE

Auf jeder Karte ist ein Maßstab angegeben. Der Maßstab verrät dir, wie stark die Landschaft verkleinert wurde. Damit du die Himmels-richtungen bestimmen kannst, findest du außerdem auf jeder Karte eine Windrose. Norden (N) zeigt wie bei einem Kompass in Richtung des Nordpols und ist oben, Süden (S) liegt unten, Westen (W) links und Osten (O) rechts.

7 REKORDE

Höher, länger, größer – unsere Erde steckt voller Rekorde! Hier kannst du nachlesen, welches die größte Insel in Europa ist oder in welchem asiatischen Land die meisten Menschen wohnen.

8 INFOKÄSTEN ÜBER DIE KONTINENTE UND DIE LÄNDER

Hier erfährst du, wie groß der Kontinent oder das Land ist und wie viele Menschen dort leben. In den Länderkästen findest du zudem die Flagge und die Hauptstadt des Landes sowie die Info, welche Sprache dort gesprochen wird.

9 POSTKARTEN

Auf jeder Regionenseite findest du eine Postkarte, auf der dir ein Mädchen oder ein Junge aus seiner Heimat berichtet. Du erfährst, wie Kinder in anderen Ländern leben, wo sie wohnen oder was sie am liebsten essen.

D REGISTER

Du möchtest wissen, welche Sprache in Brasilien gesprochen wird, weißt aber nicht, zu welchem Erdteil Brasilien gehört? Kein Problem, sieh einfach hinten im Register nach. Dort sind alle Länder, Kontinente und noch viele weitere Stichworte von A bis Z mit den dazugehörigen Seitenzahlen aufgeführt.

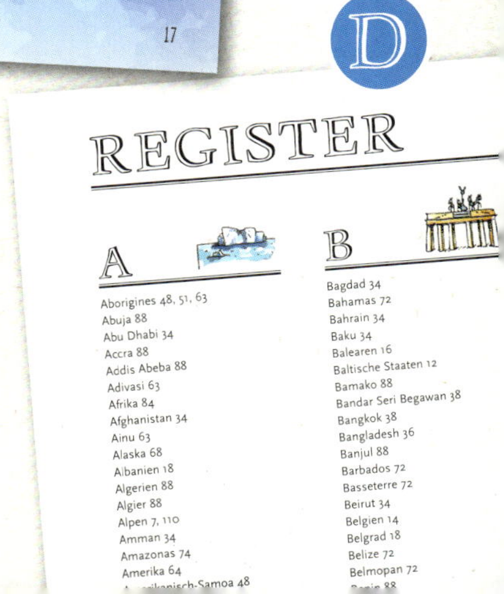

EUROPA

Wusstest du, dass Europa der zweitkleinste Kontinent der Erde ist? Nur Australien ist noch kleiner. Doch Europa ist nach Asien am dichtesten besiedelt. Stell dir vor, dort leben fast genauso viele Menschen wie auf dem viermal so großen Kontinent Amerika. Die meisten Europäer wohnen in den Industrieregionen, etwa in Großbritannien, Nordfrankreich, Belgien, den Niederlanden oder in Deutschland. Europa ist wie eine Halbinsel mit Asien verbunden. Die Menschen, die in Europa leben, sehen ihren Teil der Erde wegen der gemeinsamen Geschichte und Kultur dennoch als eigenen Kontinent an.

QUER DURCH EUROPA

Wer per Zug und Schiff von Nord nach Süd durch Europa reisen will, muss etwa fünf Tage einplanen. Die Reise beginnt am Nordkap in Norwegen und endet auf der Mittelmeerinsel Zypern. Das Mittelmeer im Süden trennt Europa von Afrika. Von West nach Ost betrachtet, erstreckt sich Europa vom Atlantischen Ozean bis zum Uralgebirge in Russland. Diese Berge bilden die natürliche Grenze zum asiatischen Kontinent.

VIELFÄLTIGE LANDSCHAFT

Die Landschaft in Europa reicht von den schneebedeckten Gipfeln der Alpen über ausgedehnte Wälder bis hin zu rauen Küstengebieten mit Gletschern und Fjorden. Da etwa ein Drittel der Fläche Europas aus Halbinseln und Inseln besteht, ist die Küste stark zergliedert. Der Ural ist mit einer Länge von ca. 2400 km das längste Gebirge in Europa. Der höchste Berg Europas ist der Mont Blanc, er liegt zwischen Frankreich und Italien und ist 4810 Meter hoch.

ANGENEHMES KLIMA

Europa liegt überwiegend in der sogenannten gemäßigten Klimazone. Das Wetter ist wechselhaft, mit relativ milden Wintern und nicht zu heißen Sommern. Nur in den nördlichen Gebieten, zum Beispiel im Norden von Norwegen, ist es oft sehr kalt. Die Sommermonate ganz im Süden am Mittelmeer können extrem heiß und trocken sein.

VON AUEROCHSEN UND WÖLFEN

Früher waren große Gebiete Europas dicht bewaldet. In den Wäldern lebten Wölfe, Elche, Hirsche und Bären. Da große Teile Europas von Menschen besiedelt wurden, sind viele Tierarten ausgestorben (wie der Auerochse) oder kaum noch vorhanden (wie der Luchs). Kleinere Tiere gibt es aber noch in großer Vielfalt, etwa Wiesel, Kaninchen, Mäuse, Füchse und Eichhörnchen sowie zahlreiche Vogelarten.

INDUSTRIE UND WIRTSCHAFT

Viele Gebiete in Europa sind sehr fruchtbar. Unter anderem werden dort Getreide, Gemüse und Wein angebaut. Wirtschaftlich bedeutender ist jedoch die Industrie, zum Beispiel der Automobilbau. Vor allem die westlichen Länder Europas sind reiche Industrienationen.

DIE EUROPÄISCHE UNION

Um wirtschaftlich und politisch einfacher und besser zusammenzuarbeiten, haben sich zuerst die westlichen und später auch die östlichen Länder Europas zur Europäischen Union (EU) vereint. 27 Staaten sind augenblicklich Mitglied in der EU. Seit 1999 haben viele Länder der EU auch eine gemeinsame Währung, den Euro.

Auf Island gibt es viele Geysire. Das sind Quellen, die heißes Wasser ausstoßen. Der Geysir Strokkur im Süden Islands schießt regelmäßig eine bis zu 30 m hohe Wasserfontäne in die Luft!

Die Färöer liegen im Atlantik und gehören zu Dänemark. Sie besitzen das höchste Kliff der Welt, Kap Enniberg, das über 750 m hoch genau senkrecht aus dem Meer ragt.

ATLANTISCHE OZEAN

In keinem Land der Welt wird pro Jahr und Person so viel Schokolade gegessen wie in Deutschland. Deutschland ist auch das Land, das am meisten Schokolade herstellt und verkauft. Die Kakaobohnen, aus denen die Schokolade hergestellt wird, kommen aber aus Südamerika.

Das weltweit wichtigste Radrennen ist die Tour de France. Sie wird seit 1903 fast jedes Jahr ausgetragen. Sie führt in 21 Etappen im Sommer drei Wochen lang kreuz und quer durch Frankreich.

Fußball ist die beliebteste Sportart in Europa. Bei den alle vier Jahre ausgetragenen Europameisterschaften spielen die Nationalmannschaften der europäischen Länder gegeneinander.

Majestätisch auf einem Hügel in Granada liegt die weltberühmte Stadtburg Alhambra mit prunkvollen Palästen, Innenhöfen, Wasserspielen und Gärten. Sie wurde vom nordafrikanischen Volk der Mauren gebaut.

DIE KÖNIGSTOCHTER UND DER STIER

Hast du schon einmal eine 2-Euro-Münze aus Griechenland in der Hand gehabt? Du kannst sie ganz einfach erkennen, denn auf der Rückseite ist eine Frau auf einem Stier abgebildet. Einer Legende aus dem antiken Griechenland nach ist sie die Königstochter Europa, in die Göttervater Zeus verliebt war. Um Europa zu entführen, verwandelte sich Zeus in einen Stier und schwamm mit seiner Angebeteten auf dem Rücken auf die Insel Kreta. Der Name des Kontinents Europa entstammt also einer alten griechischen Sage.

SEEFAHRER UND HÄNDLER

Aus dem alten Griechenland stammten auch die ersten großen Seefahrer und Händler. Sie beluden ihre Schiffe mit wertvollen Gütern wie Olivenöl, Keramik und Wein und tauschten diese entlang der Nordküste des Mittelmeers und des Schwarzen Meers gegen Getreide und Holz. Die Griechen segelten sogar bis nach Indien. Nach den Griechen reisten die Römer in ferne Länder. Sie brachten feine Seide aus China und wilde Tiere aus Afrika und Asien nach Europa.

WIKINGER

Im Norden Europas wohnten die Wikinger. Daher nannte man sie auch Nordmänner. Sie machten sich im 8. Jahrhundert auf, um die Welt zu entdecken. Die schwedischen Wikinger segelten mit ihren Knorren, also leichten, widerstandsfähigen Frachtschiffen, nach Osten. Wikinger aus Dänemark und Norwegen hatten Drachenschiffe und fuhren nach Westen. Sie überquerten sogar den Atlantik und erreichten Amerika – lange vor Christoph Kolumbus!

ZEITALTER DER ENTDECKUNGEN

Ab dem 15. Jahrhundert eroberten zahlreiche Seefahrer nach und nach alle Kontinente. In Europa waren diese »Entdecker« hoch angesehen, obwohl ihre Taten meistens alles andere als heldenhaft waren. Denn sie unterdrückten und beraubten die fremden Völker, zwangen ihnen eine neue Weltanschauung auf und bauten eigene Siedlungen auf deren Land.

In Lissabon erinnert das Denkmal ***Padrão dos Descobrimentos*** an das Zeitalter der Entdeckungen. Dort befindet sich auch die mit über 17 km längste Brücke Europas. Sie wurde nach dem portugiesischen Seefahrer ***Vasco da Gama*** benannt.

Viele Forscher halten die sogenannte ***Vinlandkarte*** für eine Fälschung. Sie wäre ein Beweis für die Entdeckung Amerikas durch die Wikinger. Sicher ist jedenfalls, dass der Wikinger ***Leif Eriksson*** vor über 1000 Jahren in Neufundland an Land ging. Die Reste alter Wikingersiedlungen belegen das.

Wikingerschiffe waren oft mit furchterregenden Drachenköpfen verziert.

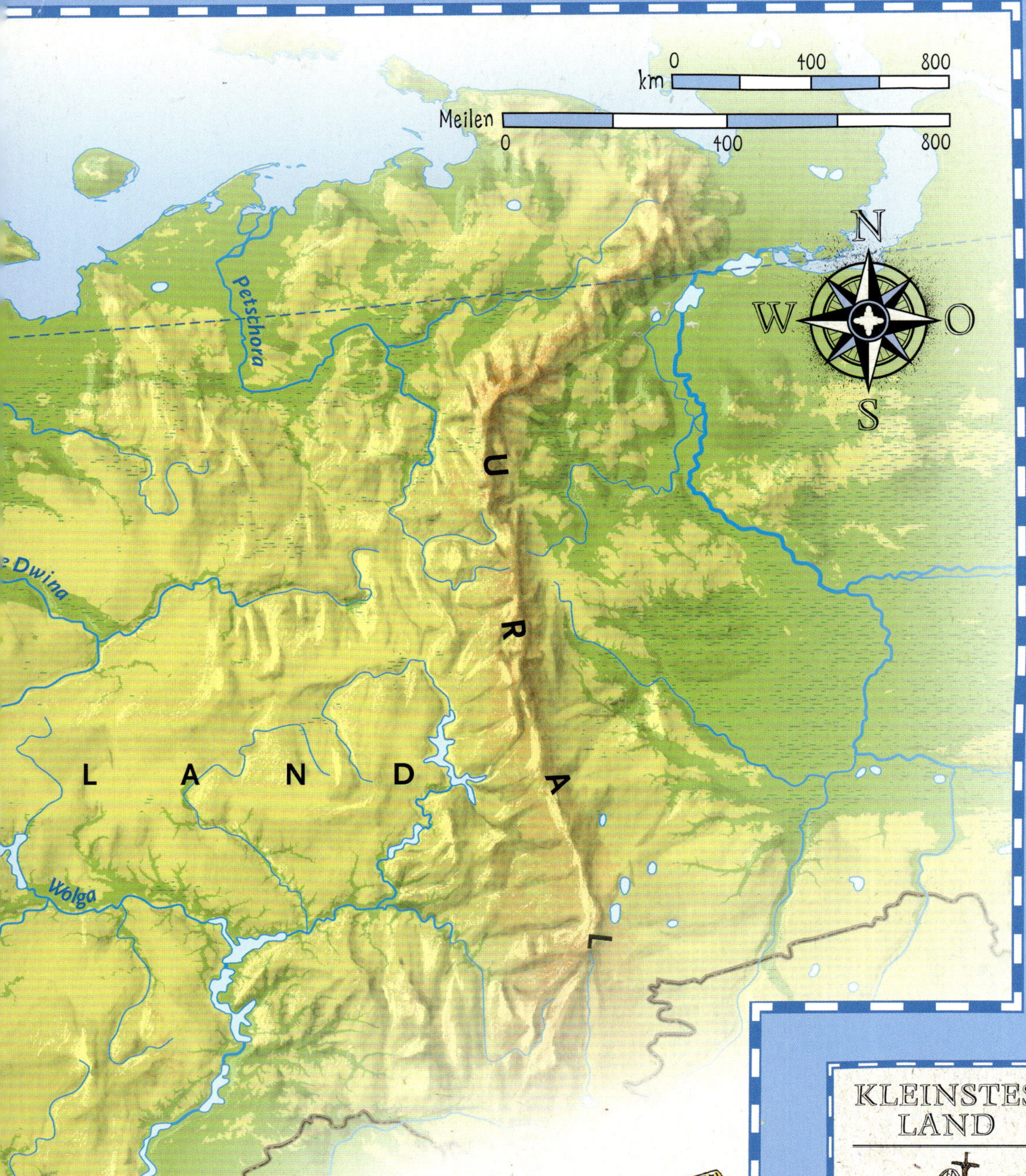

47 STAATEN

|⟷| 10,5 Mio. km²
ca. 747 Mio.

Fläche und Bevölkerung jeweils einschließlich des europäischen Teils von Russland

In zahlreichen europäischen Ländern kannst du jahrhundertealte Burgen, Schlösser oder Tempel besichtigen. Die Akropolis steht mitten in Athen und gehört zu den wichtigsten Kulturdenkmälern Europas.

Bei den Bauarbeiten des Glockenturms in Pisa wurde der weiche, lehmige Untergrund nicht berücksichtigt. So sank der »Schiefe Turm« nach ein paar Jahren ein. Heute ist er das berühmteste schiefe Gebäude der Welt.

Die Hauptstadt Litauens wird scherzhaft »Rom des Ostens« genannt, weil es in Vilnius mehr als 50 Kirchen gibt. Der Glockenturm der Kathedrale St. Stanislaus steht etwas schief – ähnlich wie der »Schiefe Turm« von Pisa.

Die Sonnenblume ist die Nationalpflanze der Ukraine und symbolisiert Fruchtbarkeit, Licht und Leben. Es waren aber die frühen Einwohner Nordamerikas, die damit begonnen haben, die dort heimische Blume anzubauen.

In Polen und Belarus gibt es im Białowieza-Nationalpark den letzten Urwald Europas. Dort leben auch Tiere, die in anderen Teilen Europas ausgestorben sind, wie etwa der Wisent.

KLEINSTES LAND
VATIKANSTADT
in Rom, Italien
|⟷| 0,44 km²

GRÖSSTES LAND
RUSSLAND
Etwa ein Viertel des Landes liegt in Europa, der Rest in Asien.
|⟷| ca. 17,8 Mio. km²

GRÖSSTE INSEL
GROSSBRITANNIEN
|⟷| ca. 230 000 km²

GRÖSSTER SEE
LADOGASEE
in Russland
|⟷| 17 700 km²

LÄNGSTER FLUSS
WOLGA
in Russland
|⟷| 3531 km

TIEFSTE SCHLUCHT
TARA-SCHLUCHT
in Montenegro
ca. 1300 m

HÖCHSTER BERG
MONT BLANC
in Frankreich/Italien
4810 m

HÖCHSTER VULKAN
ÄTNA
auf Sizilien, Italien
3357 m

GRÖSSTE DÜNE
DÜNE VON PILAT
in Frankreich
|⟷| 2,7 km
ca. 102 m

Warst du schon einmal in einer Sauna? Ursprünglich kommt der schweißtreibende Brauch aus Finnland. Dort gibt es fast in jedem Haus eine Sauna. Saunieren dient der Entspannung, Körperreinigung und ist gut fürs Immunsystem.

Wusstest du, dass LEGO®-Steine im Jahr 1949 in Dänemark von dem Tischler Ole Kirk Christiansen erfunden wurden? Den Namen LEGO® bildete Ole aus den dänischen Wörtern »leg godt«, was »spiel gut« bedeutet.

DER NORDWESTEN EUROPAS

Im Nordwesten Europas liegen die drei Inseln Großbritannien, Irland und Island. Großbritannien ist der größte Inselstaat in Europa, Island der zweitgrößte. Obwohl Großbritannien, Irland und Island nicht besonders weit auseinanderliegen, sind die drei Inseln ganz unterschiedlich.

INSEL AUS VIER TEILEN

Großbritannien heißt genau genommen »Vereinigtes Königreich von Großbritannien und Nordirland«. Es besteht aus vier Teilen: England, Schottland, Wales, die zusammen Großbritannien bilden, und Nordirland. Diese vier Regionen haben zwar alle eine eigene Kultur, jedoch eine gemeinsame Regierung. Sie sitzt in London. Der Atlantische Ozean, die Nordsee, die Irische See und der Ärmelkanal umgeben Großbritannien. An der schmalsten Stelle des Ärmelkanals befindet sich der Eurotunnel. Das ist ein Tunnel unter dem Meer, durch den man mit dem Zug fahren kann. Fast 90 Prozent der britischen Bevölkerung lebt in Städten, allein im Großraum London sind es über 8 Millionen Menschen.

DIE GRÜNE INSEL

Westlich von Großbritannien liegt Irland, das auch die »Grüne Insel« genannt wird, weil es dort sehr viele Wiesen und Weiden gibt. Warum ist die Insel so grün? Weil es dort so viel regnet! Auf Irland befinden sich Nordirland und die Republik Irland. Nach blutigen Kämpfen um die Unabhängigkeit Irlands von Großbritannien wurde die Insel im Jahr 1921 geteilt. Nordirland blieb ein Teil Großbritanniens, die Republik Irland ist seitdem unabhängig. Übrigens gilt in Irland und auch im Vereinigten Königreich Linksverkehr auf den Straßen. Das bedeutet, der Fahrer sitzt rechts im Auto und fährt auf der linken Straßenseite. Für Touristen ist das oft eine echte Herausforderung!

LAND AUS FEUER UND EIS

Island ist das am dünnsten besiedelte Land in Europa. Es liegt mitten im Nordatlantik zwischen Norwegen und Grönland. Trotz der nördlichen Lage sorgt der Golfstrom aber für ein gemäßigtes Klima. Geprägt wird die Insel von heißen Quellen, dampfenden Vulkanen, rauschenden Wasserfällen und den Eismassen der Gletscher. Man nennt Island auch Land aus Feuer und Eis. In einigen Gegenden ist die Landschaft so karg, dass sie fast einer Mondlandschaft gleicht. Deswegen haben Astronauten hier schon ihre Mondlandungen geübt.

Aus Island kommen die berühmten Islandpferde, auf denen Kinder besonders gut reiten können. Sie haben nämlich einen sehr gutmütigen Charakter und sind nicht so groß.

Auf Island gibt es viele Vulkane. Im April 2010 brach der Vulkan Eyjafjöll aus, der unter dem Gletscher Eyjafjallajökull liegt. Der Vulkan spuckte so viel Asche und Rauch, dass er den Flugverkehr in großen Teilen Europas lahmlegte.

Vor Island kannst du Wale beobachten! Sehr häufig sieht man Delfine und Zwergwale, manchmal sogar Buckelwale und Blauwale. Bis vor wenigen Jahren wurden Wale in Island noch gefangen.

Surfer und Wellenreiter kommen gerne nach Thurso im Norden Schottlands, nach Irland, Wales, Cornwall oder auf die Kanalinseln, denn hier gibt es viel Wind und hohe Wellen!

Zahlreiche Inseln sind der Hauptinsel Großbritannien vorgelagert. Die Shetlandinseln bestehen aus etwa 100 zerklüfteten Inseln, von denen nur wenige bewohnt sind. Die Inseln sind bekannt für ihre Schafwolle – und natürlich für das Shetlandpony.

Londoner ***U-Bahn*** mit Wolkenkratzer ***The Shard***; Blick vom Riesenrad ***London Eye*** auf die Themse und den Westminster-Palast; ***Piccadilly Circus*** mit ***Doppeldeckerbus***

GROSSBRITANNIEN

- London
- 243 610 km²
- ca. 67,8 Mio.
- Englisch

IRLAND

- Dublin
- 70 273 km²
- ca. 5,3 Mio.
- Irisch, Englisch

ISLAND

- Reykjavík
- 103 125 km²
- ca. 357 600
- Isländisch

Island: **Gletscherlagune**; der **Vatnajökull** (mit 8100 km² nicht nur Islands, sondern auch Europas größter Gletscher); **Geysir**

An vielen Orten in Irland gibt es sogenannte Keltenkreuze zu entdecken. Sie sind meist aus Stein und reich verziert. Leider wird das Keltenkreuz heute auch von rechtsradikalen Gruppen als Symbol benutzt.

In England, Wales und Schottland gibt es viele alte Burgen, Schlösser und Festungen. Die schottische Burg Eilean Donan Castle liegt sehr schön auf einer Landzunge und wird bei Flut komplett von Wasser umspült.

In Irland leben übrigens mehr Schafe als Menschen. Auf 10 Einwohner kommen etwa 12 Schafe. Weltweiter Spitzenreiter ist allerdings Neuseeland. Dort leben zehnmal mehr Schafe als Menschen.

Nicht nur Großbritannien, auch Irland hat zahlreiche mittelalterliche Burgen, prächtige Schlösser und alte Herrenhäuser zu bieten. Manche sind heute verwilderte Ruinen, andere wurden zu noblen Hotels umgebaut.

Greyhounds sind Windhunde aus Großbritannien. Sie können bis zu 80 km/h schnell rennen. Sie treten bei Hunderennen auf Bahnen gegeneinander an und rennen einem künstlichen Hasen hinterher. Beim sogenannten Coursing müssen die Hunde im Zickzack rennen, so als würden sie einen echten Hasen jagen.

Im Westminster-Palast in London tagt das britische Parlament. In seinem rund 95 m hohen Uhrturm Elizabeth Tower befinden sich fünf Glocken. Die schwerste Glocke wiegt über 13 t und wird »Big Ben« genannt.

Cornwall ganz im Südwesten Englands lockt vor allem im Sommer viele Touristen an. Denn hier gibt es kilometerlange feine Sandstrände sowie beeindruckende Steilküsten und das Klima ist relativ mild.

Diese merkwürdigen, riesigen Steinkreise stammen aus der Jungsteinzeit, sind also schon mehrere tausend Jahre alt. Sie können in Stonehenge im Süden Englands besichtigt werden.

Hello! Ich heiße Luke, bin 8 Jahre alt und wohne in Camden. Das ist ein Stadtteil von London. Wir leben in einem »back-to-back house«, das ist wie ein Reihenhaus. Mom und Dad fahren morgens immer mit der »Tube« – also der U-Bahn – zur Arbeit. Mein Bruder und ich sind tagsüber in der Schule. Mittags esse ich in der Schulkantine, am liebsten Fish and Chips!

Sport ist an unserer Schule sehr wichtig, deswegen spielen wir nachmittags Fußball, Rugby, Hockey oder Kricket oder wir machen Hausaufgaben.

DEIN LUKE

DER NORDOSTEN EUROPAS

Im Nordosten von Europa liegen die Länder Finnland, Schweden, Norwegen, Dänemark, Litauen, Lettland und Estland. Norwegen und Schweden sowie der äußerste Nordwesten von Finnland befinden sich auf der Halbinsel Skandinavien. Estland, Lettland und Litauen werden auch als baltische Staaten bezeichnet.

WALD UND WASSER

Skandinavien ist bekannt für tiefe Wälder, geheimnisvolle Fabelwesen und Pippi Langstrumpf. Wenn du in den nördlichen Regionen Skandinaviens durch die weitläufige, unberührte Natur wanderst, kannst du Rentiere, Polarfüchse, Wölfe, Elche, Schneehasen und manchmal sogar Bären sehen. Öl, Fisch und Holz aus Skandinavien werden in viele Teile der Welt verkauft. Es herrscht kontinentales Klima: Im Sommer ist es warm bis heiß. Im Winter schneit es, teilweise können die Temperaturen dann unter minus 40 Grad Celsius fallen.

ÜBER 500 INSELN

Dänemark ist nahezu rundum vom Meer umgeben. Nur im Süden gibt es eine Landgrenze zu Deutschland. Der Staat umfasst beinahe die ganze Halbinsel Jütland sowie über 500 Inseln in Nord- und Ostsee. Nur ein kleiner Teil dieser Inseln ist bewohnt. Zu Dänemark gehören auch zwei autonome Gebiete im Nordatlantik, die Färöer-Inseln und die größte Insel der Erde: Grönland. Die größte und am dichtesten besiedelte dänische Insel ist Seeland. Hier lebt fast die Hälfte aller Dänen und die Hauptstadt Kopenhagen liegt dort. Dänemark hat ein gemäßigtes Seeklima mit kühlen Sommern und milden Wintern. Es ist ein flaches Land mit niedrigen Hügeln und bewaldeten Tälern. An der Küste gibt es hohe Dünen und breite Sandstrände.

DIE BALTISCHEN STAATEN

Die baltischen Staaten Litauen, Lettland und Estland liegen nebeneinander an der nordöstlichen Ostseeküste. Alle drei Länder zusammen sind nur etwa halb so groß wie Deutschland. Litauen ist der flächenmäßig größte und zugleich bevölkerungsreichste baltische Staat. In weiten Teilen sind die Länder von Wäldern und Mooren bedeckt. Es gibt hier auch viele Flüsse und Seen. Litauen, Lettland und Estland haben kalte Winter mit viel Schnee und feuchtkühle Sommer. Früher waren die Länder Teil der Sowjetunion, seit 1991 sind sie jedoch eigenständig.

DÄNEMARK
(OHNE FÄRÖER UND GRÖNLAND)

- Kopenhagen
- 42 430 km²
- ca. 5,9 Mio.
- Dänisch

FINNLAND

- Helsinki
- 338 000 km²
- ca. 5,6 Mio.
- Finnisch, Schwedisch

Typisch für Skandinavien sind die bunten Holzhäuser. Besonders malerisch direkt an einem See mit schneebedeckten Bergen im Hintergrund kann man etwa im Norden Norwegens oder auf den Lofoten wohnen.

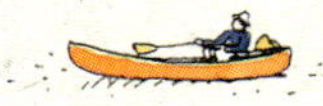

In Finnland, Schweden und Norwegen gibt es massenhaft Seen, wilde Flüsse, kleine Inseln – ein Paradies für Kanufahrer. Wer nicht so gerne paddelt, kann auch mit einem Hausboot über die Seen schippern.

An Norwegens Westküste gibt es tausende von kleinen Inseln und Fjorden. Fjorde sind schmale Meeresbuchten mit steilen Felswänden. Oft reichen sie weit ins Landesinnere hinein. Der längste Fjord Norwegens ist der Sognefjord.

Vor der Küste Norwegens gibt es viele Bohrinseln. Auf einer Bohrinsel sind 100 bis 1000 Menschen beschäftigt, die dort auch wohnen. Außerdem gibt es Büros, Werkstätten, Fitnessräume und oft sogar ein Kino.

Bestimmt warst du auch schon mal bei IKEA. Gegründet wurde das Möbelhaus 1943 in Schweden von dem damals 17-jährigen **I**ngvar **K**amprad, der auf dem Bauernhof **E**lmtaryd im Dorf **A**gunnaryd lebte. Daher der Name!

In klaren Winternächten kann man manchmal ***Nordlichter*** sehen; durch die ***Fjorde*** fährt man am besten per Schiff; die norwegische Stadt ***Ålesund*** und ***Stockfisch***, eine norwegische Spezialität!

Hei! Ich heiße Hedda, bin 11 Jahre alt und wohne im Norden Norwegens in der Stadt Tromsø. Der Sommer ist hier am schönsten. Da kann ich ganz lange draußen spielen, weil es überhaupt nicht dunkel wird. Es gibt sogar Tage, da scheint die Sonne noch um Mitternacht. Das nennt man Mitternachtssonne. Im Winter dagegen geht die Sonne selbst tagsüber kaum auf. Was mir noch gut gefällt: Bei uns gibt es erst ab dem 8. Schuljahr Noten! Und ich esse am liebsten Moltebeeren mit Eis!

DEINE HEDDA

NORWEGEN	SCHWEDEN	ESTLAND	LETTLAND	LITAUEN
Oslo	Stockholm	Tallinn	Riga	Vilnius
385 207 km²	447 435 km²	45 339 km²	64 589 km²	65 300 km²
ca. 5,6 Mio.	ca. 10,5 Mio.	ca. 1,2 Mio.	ca. 1,8 Mio.	ca. 2,7 Mio.
Norwegisch	Schwedisch	Estnisch	Lettisch	Litauisch

Ein ganzes Hotel samt Betten, Tischen, Stühlen, Gläsern aus Eis und Schnee? In Skandinavien kannst du in solchen Eishotels übernachten. Das erste Eishotel der Welt wurde in Jukkasjärvi in Nordschweden gebaut.

In Lappland kann man im Winter eine abenteuerliche Hundeschlitten-Tour über zugefrorene Seen, Sümpfe und Flüsse machen. Der Schlitten wird von Huskys gezogen, die auch bei Kälte sehr ausdauernd sind.

Im Norden von Skandinavien leben die Samen. Sie haben ihre eigene Sprache und eigene Bräuche. Viele Samen halten Rentiere, die Felle, Fleisch und Milch liefern. Mehr erfährst du auf Seite 62!

Der **Berg der Kreuze** in Litauen ist für Katholiken ein heiliger Ort – tausende von Kreuzen wurden dort von der Bevölkerung aufgestellt.

In Lettlands Hauptstadt Riga erinnert ein Denkmal an die Unabhängigkeit des Landes von der ehemaligen Sowjetunion. Die lettische Freiheitsstatue steht auf einem hohen Sockel und wird im Volksmund »Milda« genannt.

Lettland wird auch Bernsteinland genannt. Denn an der dortigen Ostseeküste kannst du viel Bernstein finden. Bernstein ist versteinertes Harz von Bäumen, die vor Jahrmillionen gelebt haben.

Der dünne Landstreifen, der vor Litauen und Russland in der Ostsee liegt, heißt Kurische Nehrung. Eine Nehrung besteht ähnlich wie eine Düne aus Sand und trennt ein Stück des Meers von der offenen See ab.

DIE MITTE EUROPAS

Europas Mitte ist dicht besiedelt. Die meisten Menschen wohnen in großen Städten wie Berlin, Zürich, Wien, Brüssel oder Amsterdam. Die drei Länder Belgien, Niederlande und Luxemburg werden oft zusammengefasst und abgekürzt als Benelux-Staaten bezeichnet. Zwei der längsten Flüsse Europas fließen mitten durch Europa: der Rhein und die Donau. Nur die Wolga ist noch länger. Weißt du, wie lang die Wolga ist und wo ihre Quelle liegt?

KLIMA UND KULTURLANDSCHAFTEN

In der Mitte Europas herrscht ein gemäßigtes Klima mit milden Wintern und nicht so warmen Sommern. Naturbelassene Gebiete gibt es dort kaum noch. Stattdessen haben die Menschen einen Großteil der Landschaft nach ihren Bedürfnissen verändert. Eine derart umgeformte Landschaft heißt Kulturlandschaft. So wurde etwa in den Niederlanden, die zum Großteil unter dem Meeresspiegel liegen, im Laufe der Jahre dem Meer immer mehr Land abgerungen und trockengelegt.

FLACHLAND UND ALPENREPUBLIKEN

Die Niederlande sind ganz flach, es gibt dort keine hohen Gebirge. Die findest du dagegen in den dicht bewaldeten belgischen Ardennen oder in den Alpen, dem mächtigsten Hochgebirge Mitteleuropas. Österreich, Schweiz und Liechtenstein nennt man wegen ihrer Lage auch Alpenrepubliken.

BIER, SCHOKOLADE UND POMMES

Nicht nur die Landschaft im mittleren Teil Europas ist vielgestaltig. Jedes einzelne Land hat seine eigenen Spezialitäten. So ist Deutschland berühmt für sein Bier und seine vielen Brotsorten. Die Schweiz ist bekannt für ihre Schokolade. In Österreich gibt es leckere Mehlspeisen wie den Kaiserschmarrn. Und aus Belgien – man glaubt es kaum – kommen die Pommes frites! Zu den niederländischen Spezialitäten gehören unter anderem Käse und Lakritz.

Amsterdam war früher eine wichtige Handelsstadt. Davon zeugen die prunkvollen Giebelhäuser, die sich reiche Kaufleute errichten ließen.

Rotterdam hat den größten Hafen Europas. Mehrere hundert Millionen Tonnen Waren werden hier jährlich umgeschlagen, also ein-, aus- oder umgeladen.

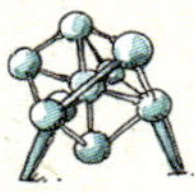

Das Atomium in Brüssel wurde zur Weltausstellung 1958 gebaut. Es besteht aus neun riesigen Stahlkugeln und soll die Atome eines Eisenmoleküls darstellen. In der obersten Kugel ist sogar ein Restaurant.

Bis 1989 wurde Berlin durch eine Mauer in Ost und West geteilt. Das Brandenburger Tor lag früher direkt an der Grenze.

Das Elbsandsteingebirge in Ostdeutschland und Tschechien hat etwas Märchenhaftes! Hier kannst du spitze Felsnadeln, Tafelberge, tiefe Schluchten und Burgruinen entdecken, toll wandern oder klettern.

In Deutschland gibt es viele Burgen, Schlösser und Festungen, auf denen früher Ritter und Burgfräulein wohnten. Eine der berühmtesten Burgen ist die mittelalterliche Burg Eltz in Rheinland-Pfalz. Sie hat Angriffe und Kriege schadlos überstanden.

Iglus in Mitteleuropa? Tatsächlich kannst du auf Deutschlands höchstem Berg, der Zugspitze, im Iglu übernachten. Dort wird jährlich aus über 3000 Tonnen Schnee ein Iglu-Dorf für Touristen gebaut!

Das Alphorn nutzten die Almbauern aus den Alpen früher, um sich über Entfernungen von bis zu 10 km miteinander zu verständigen. Ein Horn ist bis zu 5 m lang.

Die Schweizer produzieren hochwertige Uhren, die weltweit verkauft werden. In der Schweiz wurde auch die automatische Uhr erfunden. Sie hat keine Batterie und man muss sie nicht aufziehen. Die Bewegungen der Person, die sie trägt, genügen, um sie in Gang zu halten.

Der **Grote Markt** in Brüssel und die berühmte Brunnenfigur **Manneken Pis**; die mittelalterliche Altstadt von **Brügge** ist Weltkulturerbe.

Salut! Ich heiße Liam, bin 9 Jahre alt und lebe am Rand von Brüssel. Am liebsten zeichne ich Comics! Mein großes Vorbild ist der Zeichner Hergé, der auch aus Brüssel kommt. Von ihm stammen »Tim und Struppi«. Übrigens kommen ebenfalls die Schlümpfe und der Comic-Held Lucky Luke aus Belgien. Ansonsten sitze ich vormittags und nachmittags in der Schule. Meine Lieblingsessen sind Lütticher Waffeln und belgische Pralinen!

DEIN LIAM

BELGIEN
Brüssel
30 668 km²
ca. 11,8 Mio.
Niederländisch, Französisch, Deutsch

LIECHTENSTEIN
Vaduz
160 km²
ca. 39 700
Deutsch

LUXEMBURG
Luxemburg
2590 km²
ca. 650 400
Luxemburgisch, Deutsch, Französisch

NIEDERLANDE
Amsterdam
33 720 km²
ca. 17,4 Mio.
Niederländisch

ÖSTERREICH
Wien
82 409 km²
ca. 8,5 Mio.
Deutsch

DEUTSCHLAND
Berlin
357 582 km²
ca. 84,3 Mio.
Deutsch

SCHWEIZ
Bern
39 516 km²
ca. 8,6 Mio.
Deutsch, Französisch, Italienisch, Rätoromanisch

Zugspitze (Deutschland)

Matterhorn (Schweiz)

Großglockner (Österreich)

Früher war Salz ein sehr wertvolles Handelsgut. Es wurde auch als »weißes Gold« bezeichnet und unter anderem in der Region Salzburg abgebaut. Daher hat die Stadt ihren Namen!

DER SÜDWESTEN EUROPAS

Warst du schon einmal am Mittelmeer im Urlaub? Die Länder im Südwesten Europas liegen fast alle am Mittelmeer und haben ein mediterranes Klima. Die Sommer sind in der Regel heiß und trocken – also ideal zum Baden, Schnorcheln oder Segeln. Deswegen werden diese Länder gerne von Touristen besucht. Im Winter ist es mild und regenreich.

DIE IBERISCHE HALBINSEL

Den Teil Europas südwestlich der Pyrenäen nennt man Iberische Halbinsel. Auf dieser Halbinsel liegen Spanien, Portugal sowie der Kleinstaat Andorra. Zu Spanien gehören Urlaubsinseln wie die Balearen im Mittelmeer oder die Kanaren vor der Westküste Afrikas. Der längste Fluss Spaniens ist der Tajo (portugiesisch Tejo), der in Portugal in den Atlantik mündet. Portugal wird von diesem Fluss in zwei Hälften geteilt. Im Norden des Flusses befindet sich eine grüne Hügellandschaft, im Süden eine trockene Tiefebene. Zu Portugal zählen zudem Madeira und die Inseln der Azoren, die im Atlantik zwischen Europa und Nordamerika liegen.

GRÖSSTES LAND DER EU

Die Mittelmeerinsel Korsika gehört zu Frankreich, dem größten Land der Europäischen Union (EU). Das Festland bietet abwechslungsreiche Landschaften wie schroffe Felsküsten im Norden, mächtige Berge des Zentralmassivs in Mittelfrankreich oder kilometerlange Strände im Süden. Auch kulturell hat Frankreich einiges zu bieten. Du kannst zum Beispiel die weltberühmte »Mona Lisa« in Paris besuchen: Im Museum Louvre ist ihr Bild ausgestellt.

EIN LAND WIE EIN STIEFEL

Italien ist eine lange, schmale Halbinsel, die ins Mittelmeer ragt. Auf der Landkarte sieht der Staat wie ein Stiefel aus. Die großen Inseln Sizilien und Sardinien sowie zahlreiche weitere kleine Inseln und Inselgruppen gehören ebenfalls zu Italien. Innerhalb Italiens liegen die unabhängigen Enklaven San Marino und Vatikanstadt. An vielen italienischen Orten gibt es Überbleibsel aus längst vergangenen Zeiten zu entdecken, etwa in Rom das Kolosseum: eine riesige Arena für die Gladiatorenkämpfe der alten Römer.

Lissabon hat viele Sehenswürdigkeiten: bunte ***Kacheln***, den ***Elevador***, die rote ***Hängebrücke*** über den Tejo, steile Strecken der ***Straßenbahn***.

Hallo! Ich heiße Mariana, bin 9 Jahre alt und finde Fußball klasse. Mit meinen Eltern wohne ich in Lissabon. Unsere Stadt ist auf Hügeln gebaut. Darum sind viele Straßen hier sehr steil und schmal. Um von der Unterstadt (Baixa) in die Oberstadt (Bairro Alto) zu kommen, nimmt man sogar einen Aufzug, den Elevador. Zum Glück gibt es hier einige Plätze, auf denen man gut kicken kann. Gerne bin ich auch im Stadtteil Belém, denn dort gibt es die besten Pastéis de Nata. Das sind leckere Blätterteigtörtchen gefüllt mit Pudding!

DEINE
MARIANA

Den Torre de Belém (Turm von Belém) kannst du in Portugals Hauptstadt Lissabon besuchen. Das Seefahrer-Denkmal wurde im 16. Jahrhundert gebaut und diente lange Zeit als Gefängnis und Waffenlager.

Wenn du durch Barcelona spazierst, kannst du außergewöhnliche Bauwerke entdecken. Sie wurden von dem berühmten spanischen Architekten Antoni Gaudí entworfen, darunter zum Beispiel die Kirche Sagrada Família oder der Park Güell.

Auf Mallorca, nur etwa 3 km von der Inselhauptstadt Palma entfernt, kannst du das Castell de Bellver besuchen. Die Burg ist außergewöhnlich, weil sie rund ist. Sie hat drei Türme und einen breiten Wassergraben.

Flamenco ist ein temperamentvoller Tanz, der ursprünglich aus Andalusien (Südspanien) kommt. Die Tänzerinnen musizieren dabei oft mit Kastagnetten und werden von einem Gitarrenspieler begleitet.

ANDORRA

- Andorra la Vella
- 470 km²
- 85 560
- Katalanisch

FRANKREICH (F)

- Paris
- 547 561 km²
- ca. 68,31 Mio.
- Französisch

ITALIEN (I)

- Rom
- 301 338 km²
- ca. 61,1 Mio.
- Italienisch

PORTUGAL

- Lissabon
- 92 212 km²
- ca. 10,2 Mio.
- Portugiesisch

SPANIEN

- Madrid
- 505 970 km²
- ca. 47,2 Mio.
- Spanisch

MONACO

- Monaco
- 2,02 km²
- ca. 31 400
- Französisch

SAN MARINO

- San Marino
- 60 km²
- ca. 34 680
- Italienisch

VATIKANSTADT

- Vatikanstadt
- 0,44 km²
- ca. 850
- Latein, Italienisch

km 0 400 800
Meilen 0 400 800

Aus 10 000 Tonnen Stahl ließ Gustave Eiffel 1889 den nach ihm benannten, knapp 325 m hohen Turm bauen. Heute ist der Eiffelturm das Wahrzeichen von Paris. Auf 1665 Treppenstufen kannst du bis in seine Spitze steigen!

Im Mittelmeer und im Atlantik gibt es große Fischzuchtanlagen und Muschelbänke. Nicht nur die Menschen, die direkt dort wohnen, essen gerne Fisch und Meerestiere.

Boule oder Pétanque ist ein typisch französisches Kugelspiel. In Frankreich gibt es viele öffentliche Plätze, auf denen sich die Boule-Spieler treffen.

Das Kolosseum in Rom ist das größte Amphitheater der alten Römer. Es bot Platz für bis zu 50 000 Zuschauer. In der Arena kämpften Gladiatoren gegeneinander oder gegen wilde Tiere.

Viele Kinder und ihre Familien verbringen ihre Ferien gerne am Mittelmeer. Hier lässt es sich prima sonnen, baden, segeln oder tauchen.

Der höchste Vulkan in Europa befindet sich auf der Insel Sizilien. Der Ätna ist heute noch aktiv und schleudert immer mal wieder Rauch, Asche und Lava in die Luft.

MITTELOST- UND SÜDOST-EUROPA

Im Binnenland von Europas Südosten herrscht gemäßigt kontinentales Klima. Das heißt, im Sommer ist es warm und trocken, im Winter sehr kalt. Die südlichen Küstenregionen haben Mittelmeerklima. Dort ist es im Sommer heiß und trocken und im Winter regnet es oft. Frost und Schnee gibt es an der Küste nur selten.

BADEN UND WANDERN

In diesem Teil Europas kannst du noch viel Natur erleben. In den Karpaten, einem Hochgebirge, das sich unter anderem in Polen, Tschechien, der Slowakei und Rumänien befindet, gibt es noch wild lebende Braunbären, Luchse und Wölfe. In der Ukraine kann man in der Region Transkarpatien durch den größten Buchenurwald Europas wandern. Hier leben 23 verschiedene Fledermausarten. Im riesigen Sumpfgebiet im Süden von Belarus machen unzählige Zugvögel Rast. Die seltenen Schelladler brüten dort und machen Jagd auf Wasservögel.

Bademöglichkeiten gibt es in Ost- und Südosteuropa viele. In Ungarn kannst du im Plattensee (Balaton), dem wärmsten und größten See Europas, planschen. In Polen gibt es an der Ostsee lange Sandstrände. In der Ukraine und Bulgarien kann man im Schwarzen Meer schwimmen. In Kroatien, Bosnien und Herzegowina, Montenegro, Albanien und Griechenland dagegen machen viele Touristen am Mittelmeer Urlaub.

DIE BALKANHALBINSEL

Die Balkanhalbinsel erstreckt sich zwischen dem Schwarzen Meer und dem Mittelmeer. Zu den Balkanstaaten im engeren Sinn gehören Slowenien, Kroatien, Bosnien und Herzegowina, Serbien, Montenegro, Nordmazedonien, Kosovo und Albanien. Im weiteren Sinn zählen auch Rumänien und Bulgarien dazu. Dort liegt das Balkangebirge, das der Halbinsel ihren Namen gegeben hat. Es ist sehr wild und ursprünglich und lockt viele Wanderfreunde an.

ALBANIEN
Tirana
27 400 km²
ca. 3,1 Mio.
Albanisch

KROATIEN
Zagreb
55 960 km²
ca. 4,19 Mio.
Kroatisch

BOSNIEN UND HERZEGOWINA
Sarajevo
51 000 km²
ca. 3,8 Mio.
Bosnisch, Kroatisch, Serbisch

MALTA
Valletta
320 km²
ca. 464 190
Maltesisch, Englisch

BULGARIEN
Sofia
108 560 km²
ca. 6,9 Mio.
Bulgarisch

NORDMAZEDONIEN
Skopje
25 220 km²
ca. 2,1 Mio.
Mazedonisch

GRIECHENLAND
Athen
128 900 km²
ca. 10,5 Mio.
Griechisch

REPUBLIK MOLDAU
Chișinău
32 860 km²
ca. 3,3 Mio.
Rumänisch

KOSOVO
Pristina
10 900 km²
ca. 1,9 Mio.
Albanisch, Serbisch

MONTENEGRO
Podgorica
13 450 km²
ca. 605 000
Montenegrinisch

Auf **Kreta** kannst du baden, schnorcheln, wandern, Ruinen aus längst vergangenen Zeiten entdecken und leckere Meeresfrüchte essen.

Geia sou! Ich heiße Jannis, bin 8 Jahre alt und lebe in einem Dorf auf Kreta. Viele Touristen kommen auf die Insel, um zu baden oder um sich uralte Tempel anzuschauen. Im Sommer ist es sehr heiß. Da ruht man sich tagsüber am besten im kühlen Haus aus. Am späten Nachmittag sitzen die Menschen oft vor ihren Häusern, putzen Gemüse oder flicken Fischernetze. Die Geschäfte öffnen und irgendwo hämmert ein Handwerker. Abends treffen wir uns oft auf dem Dorfplatz und spielen, reden und essen. Meine Oma hat manchmal selbst gemachte Loukoumades dabei, das sind süße Hefeteigbällchen.

DEIN JANNIS

POLEN
- Warschau
- 306 220 km²
- ca. 38,1 Mio.
- Polnisch

SERBIEN
- Belgrad
- 87 460 km²
- ca. 6,7 Mio.
- Serbisch

SLOWAKEI
- Bratislava
- 48 088 km²
- ca. 5,4 Mio.
- Slowakisch

SLOWENIEN
- Ljubljana
- 20 140 km²
- ca. 2,1 Mio.
- Slowenisch

UNGARN
- Budapest
- 90 530 km²
- ca. 9,7 Mio.
- Ungarisch

RUMÄNIEN
- Bukarest
- 230 020 km²
- ca. 18,5 Mio.
- Rumänisch

TSCHECHIEN
- Prag
- 77 230 km²
- ca. 10,7 Mio.
- Tschechisch

BELARUS
- Minsk
- 202 910 km²
- ca. 9,4 Mio.
- Belarusisch, Russisch

UKRAINE
- Kiew
- 603 700 km²
- ca. 43,5 Mio.
- Ukrainisch

ZYPERN
- Nikosia
- 9240 km²
- ca. 1,3 Mio.
- Griechisch, Türkisch

Vor allem im Westen der Ukraine gibt es viel Landwirtschaft. Neben Sonnenblumen werden Zuckerrüben, Weizen, Kartoffeln, Mais und Gerste angebaut.

Ein typisch ungarisches Gericht ist Gulasch. Er wird mit vielen Zwiebeln, Paprika und Rindfleisch zubereitet und meistens ordentlich scharf gewürzt!

Lust auf Dracula-Geschichten? Dann solltest du Schloss Bran in Rumänien besuchen. Es liegt erhöht auf einem Felsen und erinnert etwas an das Schloss aus Bram Stokers Roman »Dracula«.

In Kroatien liegt der Nationalpark Krka. Hier gibt es zahlreiche Höhlen, eine der größten Fledermauskolonien Europas und die beliebten Wasserfälle des Flusses Krka.

Im Bosnienkrieg wurde die berühmte Brücke von Mostar 1993 zerstört. Sie verband die kroatische und die bosnische Hälfte der Stadt. Die Brücke wurde mit Steinen aus benachbarten Steinbrüchen wiederaufgebaut.

Seit Jahrtausenden werden am Mittelmeer Oliven angebaut. Aus ihnen gewinnt man zum Beispiel Speiseöl. Sehr beliebt ist Olivenöl aus Kreta.

In Tschechien gibt es viele Burgen und Schlösser. Kein Wunder, dass hier zahlreiche Märchenfilme gedreht wurden.

EINGEWANDERTE ARTEN

DER SOMMERFLIEDER

Da der Sommerflieder sich oft als Pionierstrauch auf freien Flächen ausbreitet, verhindert er das Ansiedeln von Pflanzen, die dort natürlich vorkommen würden. Diese fehlen dann zum Beispiel als Futterpflanzen für Schmetterlingsraupen, die auf diese einheimischen Pflanzen spezialisiert sind. Ursprünglich stammt die Pflanze aus China.

DER RIESEN-BÄRENKLAU

Der Riesen-Bärenklau wird dir wegen seiner Größe von bis zu 3 m imponieren. Du solltest ihn auf keinen Fall berühren! Er enthält Stoffe, die zusammen mit Sonnenlicht schwere Hautentzündungen mit späterer Narbenbildung verursachen können. Eingeführt wurde er als Zierpflanze aus dem Kaukasus.

DIE AUFRECHTE AMBROSIE

Vor allem für uns Menschen ist die Aufrechte Ambrosie gefährlich. Im Sommer produziert sie große Mengen Blütenstaub, auf den viele Menschen allergisch reagieren und der schwere Asthmaanfälle auslösen kann. Im 19. Jahrhundert wurde sie zusammen mit Saatgut aus Amerika eingeschleppt.

DIE SCHMALBLÄTTRIGE WASSERPEST

In vielen Seen breitet sich die Schmalblättrige Wasserpest rasend schnell aus und innerhalb kürzester Zeit sind die Flachwasserbereiche der Seen zugewachsen. Die anderen Wasserpflanzen haben neben ihr keine Chance weiterzuwachsen und Fische werden ebenfalls verdrängt. Die nordamerikanische Pflanze gelangt häufig durch das Entsorgen des Aquariuminhalts in die Natur.

DER ASIATISCHE MARIENKÄFER

In Europa wurde der Asiatische Marienkäfer ausgesetzt, weil er viel mehr Blattläuse vertilgt als der Europäische Marienkäfer. Allerdings erzeugt er auch viel mehr Nachkommen im Jahr. Gegen diese Übermacht hat unser heimischer »Siebenpunkt« wenig Chancen. Der asiatische Käfer frisst zudem nicht nur die Blattläuse, sondern auch Eier und Raupen von Schmetterlingen oder andere Marienkäfer.

AMERIKANISCHER NERZ

Der aus Nordamerika stammende Nerz lebt an Fluss- und Seeufern. Er ist ein guter Schwimmer und Taucher. In Europa wird er in Pelztierfarmen gezüchtet. Von Tierschützern freigelassene oder entlaufene Tiere breiten sich immer weiter aus und werden zu einer Bedrohung für viele am Boden brütende Vögel.

DER WASCHBÄR

Auch der Waschbär wurde aus Amerika eingeschleppt. Da er bei uns keine natürlichen Feinde hat, breitet er sich immer mehr aus. Umweltschützer sind sich noch nicht sicher, ob er auch eine Bedrohung für heimischen Tiere ist. Vor Menschen hat er wenig Scheu. Auf der Suche nach Nahrung durchwühlt er gerne mal Mülltonnen und seine Jungen zieht er häufig in Schuppen oder auf Dachböden auf.

DER AMERIKANISCHE SIGNALKREBS

Der Amerikanische Signalkrebs mag gerne kühle Fließgewässer. In Europa wurde er ausgesetzt, um den heimischen Krebsbestand aufzufüllen. Leider überträgt er eine Pilzerkrankung, gegen die er selbst immun ist, die aber für alle einheimischen Flusskrebsarten tödlich endet. Zudem ist er größer und produziert auch mehr Nachkommen, sodass er andere Flusskrebse immer mehr verdrängt.

DER OCHSENFROSCH

Ein großer Frosch im See? Sieh genau hin, es könnte ein Ochsenfrosch sein! Den Namen hat er von seinem ochsenähnlichen Gebrüll zur Paarungszeit. Er ist ein unersättlicher Vielfraß. Dadurch ist er eine Bedrohung für die einheimischen Amphibienarten.

PFLANZEN IN MITTELEUROPA

DIE ROTBUCHE

Vor wenigen Jahrhunderten war die Rotbuche der häufigste Baum in den Wäldern von Mitteleuropa. Ihren Namen hat sie wegen ihres leicht rötlichen Holzes. Spechte lieben es, in ältere Buchen ihre Nisthöhlen zu bauen. Später ziehen dann Fledermäuse dort ein.

DER BLAUE EISENHUT

Den Blauen Eisenhut mit seinen tiefblauen, helmartigen Blüten kennst du vielleicht als Zierpflanze in Gärten. Aber Vorsicht! Ob im Garten oder in der freien Natur, der Eisenhut gehört zu den giftigsten Pflanzen Europas.

DAS BUSCH-WINDRÖSCHEN

Zu Beginn des Frühjahrs ist der Boden der Buchenwälder oft von einem weißen Blütenteppich bedeckt. Das niedrig wachsende Buschwindröschen ist sehr sonnenhungrig, daher blüht es, wenn die Bäume noch keine Blätter haben. Auch diese Pflanze ist giftig.

DER FLIEGENPILZ

Den giftigen Fliegenpilz erkennst du sofort an seinem roten Hut und den weißen Flecken darauf. Auch wenn er noch so hübsch aussieht: Finger weg!

DIE STIELEICHE

Die besonders langen Stiele der Eicheln finden sich im Namen dieses Baums wieder. Nicht nur Wildtiere fressen diese Früchte gerne: Früher wurden Hausschweine in Eichenwälder getrieben, damit sie sich richtig vollfressen konnten.

DIE MARGERITE

Die Margerite verwandelt Wiesen in ein weißes Blütenmeer. Viele Insekten wie Wildbienen, Wespen und Tagfalter werden von der körbchenförmigen Blüte angelockt und bestäuben die goldgelben Röhrenblüten.

PFLANZEN IN SÜDEUROPA

DIE ZISTROSE

Im Frühsommer kannst du in den Mittelmeerländern den Duft der Zistrosensträucher wahrnehmen. Unter Sonneneinwirkung tritt aus den Blättern ein öliges Harz aus, das sehr aromatisch riecht.

WESTLICHER ERDBEERBAUM

Die Blüten eines Erdbeerbaums erinnern an Heidelbeerblüten, seine roten Früchte ähneln ein wenig Erdbeeren und seine Blätter könnten vom Aussehen her von einem Lorbeerstrauch stammen.

DIE KORKEICHE

Die Korkeiche ist ein immergrüner Baum mit einer besonderen Rinde, die ständig neue Korkschichten bildet. Da die Äste durch den Kork gegen Hitze gedämmt sind, können sie Waldbrände heil überstehen und wieder austreiben.

DIE ECHTE PFINGSTROSE

Die Blüten der Echten Pfingstrose sind im Gegensatz zu den Zuchtformen im Garten kleiner und nicht gefüllt. Sie sind für viele Bienen und Schmetterlinge ein Pollenspender und die Kelchblätter der Blütenknospen geben Zuckerwasser ab, das Ameisen anlockt. Sie schützen die Knospen vor Tierfraß.

DER OLIVENBAUM

Frisch vom Baum geerntete Oliven kannst du nicht essen. Erst durch das Einlegen in eine Salzlake werden den Früchten die Bitterstoffe entzogen. Olivenbäume können uralt werden, es gibt über 1000 Jahre alte Exemplare.

DIE BAUM-WOLFSMILCH

Im trockenen südeuropäischen Sommer ist die Baum-Wolfsmilch kahl. Nach der Blütezeit im zeitigen Frühjahr werden ihre Blätter leuchtend rot und welken danach. Erst im Herbst treiben sie wieder aus.

TIERE IN NORDEUROPA

DER KRANICH

Jedes Frühjahr werben Kranichpaare wieder umeinander, springen flügelschlagend in die Luft, jagen sich und »trompeten« laut. Kraniche brüten in den Feuchtgebieten Skandinaviens, im Herbst ziehen sie aber in den warmen Süden Europas.

DIE BECHERJUNGFER

Wie alle Libellen kann die Becherjungfer ihre Flügelpaare unabhängig voneinander bewegen, schnell die Richtung wechseln und auch in der Luft stehen bleiben. Auf der Suche nach Mücken fliegt sie dicht über der Wasseroberfläche.

DER SEEHUND

Seehunde leben vor allem an Küsten mit seichten Gewässern und Sandbänken, auf denen sie sich ausruhen oder ihre Jungen zur Welt bringen und säugen. Im Wasser sind sie durch ihren stromlinienförmigen Körper gewandte Fischjäger.

DIE SCHNEEEULE

Selbst Temperaturen unter -50 Grad Celsius überstehen Schneeeulen durch ihr warmes Federkleid. Viele kleine Federn schützen auch ihre Füße und Zehen vor der Kälte und verhindern, dass die Eule im Schnee einsinkt. Beute unter der Schneedecke kann sie durch ihren guten Hörsinn orten.

DAS RENTIER

Als einzige Hirschart haben bei den Rentieren auch die Weibchen ein Geweih. Sie leben in großen Herden und wandern auf der Suche nach ihrer Nahrung – Gräsern, Flechten, Kräutern und Pilzen – zum Teil hunderte von Kilometern.

TIERE DER ALPEN

DAS MURMELTIER

Hast du schon einmal im Gebirge die Pfiffe von Murmeltieren gehört, wenn sie sich untereinander vor Gefahren warnen? Sie leben in großen Familien zusammen. Auch ihren Winterschlaf halten sie eng aneinandergekuschelt in ihren selbst gebauten Erdhöhlen.

DER ALPENAPOLLO

Der Apollo ist in seinem Lebensraum in den Hochalpen auf Quellen, Gebirgsbäche und überflutete Wiesen angewiesen, da nur dort der Bewimperte Steinbrech wächst. Diese Pflanze ist die Nahrung für die Raupen des Apollos.

DER ALPENSALAMANDER

Alpensalamander sind eher nachts aktiv, wenn der Boden vom Tau noch feucht ist. Die Weibchen legen keine Eier, sondern gebären nach einer langen Tragezeit von 2–3 Jahren vollständig entwickelte Jungtiere.

DER STEINADLER

Dieser Adler kann zehnmal besser sehen als der Mensch. In den Bergen oberhalb der Baumgrenze jagt er seine Beute im Gleitflug auf freier Fläche und erbeutet vor allem kleine und mittelgroße Säugetiere. Dabei kann er mit seinen kräftigen Greiffüßen auch Tiere bis zu 15 kg festhalten und in die Luft tragen.

DIE ALPENDOHLE

Oberhalb der Baumgrenze sieht man häufig die geselligen Dohlen bei ihren gemeinsamen Flugkünsten. Die Vögel bauen ihre Nistplätze in unzugänglichen Felsspalten und brüten in kleineren Kolonien.

DER STEINBOCK

Die Hinterbeine des Steinbocks sind länger als seine Vorderbeine. So kann er sich im Hochgebirge sicher an steilen Felshängen und Geröllhalden bewegen. Er ernährt sich von Gräsern und Kräutern, im Winter scharrt er im Schnee nach Gras und Moos.

PFLANZEN NORDEUROPAS

DAS TORFMOOS

Torfmoose speichern wie ein Schwamm Wasser: Sie können das 30-Fache ihres Gewichts aufnehmen. Während sie unten absterben, wachsen sie nach oben weiter und bilden so die Hochmoore. Sie binden Mineralstoffe an sich und ändern gleichzeitig den pH-Wert der Umgebung. Dieser wird sauer, sodass keine anderen Pflanzen mehr wachsen können.

DER ARKTISCHE MOHN

Die Blütenköpfe des Arktischen Mohns drehen sich ständig der Sonne zu, sodass sie möglichst viele Sonnenstrahlen aufnehmen können. Dadurch steigert sich die Temperatur in der Blüte und die Samen reifen schneller, was im kurzen nordischen Sommer überlebensnotwendig ist.

DIE WALDKIEFER

Die Waldkiefer ist sehr anspruchslos und wächst auch auf kargen, sandigen und felsigen Böden. Bei Verletzung der Rinde bildet der Baum ein Harz, das die Wunde verschließt und vor Pilzinfektionen schützt.

DER SONNENTAU

Der Sonnentau hat sich an die sauren Böden im Moor angepasst. Ameisen werden von den klebrigen Drüsen der Blätter angelockt, die bei Berührung zusammenklappen. Die Insekten liefern der Pflanze Stickstoff, der aus dem Boden nicht aufgenommen werden kann.

DIE MOORBIRKE

Da die Moorbirke auch auf nährstoffarmen, sauren und nassen Böden wachsen kann, ist sie in moorigen Gebieten gegenüber anderen Bäumen im Vorteil. In ihren Zweigen und Knospen sind Öle eingelagert, die sie unempfindlich gegen die Kälte machen.

DER BIRKENPILZ

In den ausgedehnten Birkenwäldern Skandinaviens findest du massenhaft den Birkenpilz. Er wird gerne gesammelt, denn er ist sehr schmackhaft.

PFLANZEN DER ALPEN

DAS EDELWEISS

Das Edelweiß ist wohl eine der bekanntesten Blumen der Alpen. Es kommt in Höhen bis 3000 m vor. Wenn du im Gebirge ein Edelweiß siehst, darfst du es nicht pflücken, es ist streng geschützt.

DER ENZIAN

Insekten finden das kräftige Blau der Enzianblüte unwiderstehlich und fliegen die Pflanze zum Sammeln von Nektar und Pollen an. Dabei bestäuben sie sie. Auch der Enzian steht unter Naturschutz.

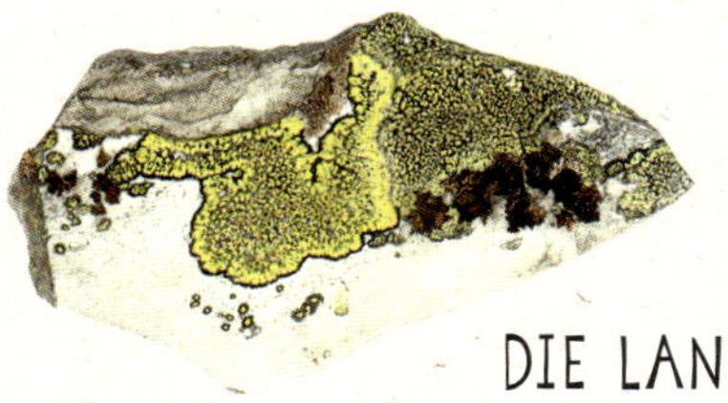

DIE LANDKARTENFLECHTE

Sind dir auch schon Felsen im Gebirge aufgefallen, die großflächig von der gelbgrünen Landkartenflechte bedeckt sind? Diese Flechte wächst extrem langsam, maximal 0,6 mm pro Jahr, dafür kann sie aber über 1000 Jahre alt werden.

DAS ALPENGLÖCKCHEN

Oft lugt das zierliche Alpenglöckchen mitten aus dem Schnee heraus. Die grünen Blätter und roten Knospen nehmen die Sonnenwärme auf und bringen den Schnee um sich herum zum Schmelzen.

DER ALPENMANNSSCHILD

Der Alpenmannsschild bildet flache Polster, die sich sehr eng an den Boden schmiegen. Auf diese Weise widersteht die Pflanze dem starken Wind und kann Wärme und Feuchtigkeit besser halten. Ihre Innentemperatur kann 20 °C höher sein als die Außentemperatur.

DIE LÄRCHE

Die Lärche ist ein typischer Gebirgsbaum. Wundere dich nicht, im Herbst werden ihre Nadeln gelb, denn die Lärche ist der einzige Nadelbaum in Europa, der im Winter seine Nadeln abwirft. Das liegt an der fehlenden Wachsschicht: Im Winter würde über die Nadeln zu viel Feuchtigkeit verdunsten, die der Baum über den gefrorenen Boden nicht wieder aufnehmen kann.

TIERE IN MITTELEUROPA

DER STEINKAUZ

Von einer Ansitzwarte aus versucht der Steinkauz, seine Beute zu erspähen und dann im kurzen Flug zu jagen. Aber er läuft einer Feldmaus auch schon mal am Boden mit langen Schritten und kurzen Sprüngen hinterher. Sein Nest in Asthöhlen von alten Obstbäumen bewohnt er oft jahrelang.

DIE ROTE WALDAMEISE

Ein Ameisenbau hat einen oberirdischen und einen unterirdischen Teil. Du findest ihn meist in sonniger Lage am Waldrand. Ameisen jagen Insekten und sammeln den Honigtau der Blattläuse. Denk daran: Die Rote Waldameise steht unter Schutz und in einem Ameisenhaufen sollte man nicht herumstochern.

DIE BÄNDERSCHNECKE

In Gebüschen und Hecken lebt die Bänderschnecke. Bei Gefahr, Trockenheit oder zum Überwintern zieht sie sich in ihr farbenprächtiges Gehäuse zurück. Sie ernährt sich vorwiegend von Algen.

DAS WILDSCHWEIN

Wildschweine sind Allesfresser und durchpflügen mit ihrem Rüssel und ihren kräftigen Eckzähnen den Boden auf der Suche nach Wurzeln, Eicheln, Insekten, Mäusen und Schnecken. Im Sommer suhlen sie sich gerne zur Abkühlung und Hautpflege im Schlamm.

DIE RINGELNATTER

Ringelnattern sind für Menschen völlig ungefährlich. Du kannst sie also in aller Ruhe beobachten. Die beiden gelben halbmondförmigen Flecken am Hinterkopf sind ein gutes Erkennungsmerkmal. Ringelnattern leben in der Nähe von Gewässern, sind gute Schwimmer und jagen Amphibien.

DER BERGMOLCH

Zur Paarungszeit wandern die Molche zu ihren Laichgewässern. Das Balzkleid der Männchen ist am Rücken blau, mit schwarzen Punkten an der Seite und am Bauch orange. Nach der Laichzeit verlassen sie das Wasser und kehren zu Feuchtwiesen und Waldrändern zurück.

DER MAULWURF

Maulwurfshaufen zeigen dir, wo ein Maulwurf in seinen unterirdischen, selbst gegrabenen Erdgängen wohnt. Er sieht schlecht, aber mit seiner empfindlichen Schnauze kann er sehr gut tasten und riechen. Seine Hauptnahrung sind Regenwürmer und Insekten.

TIERE IN SÜDEUROPA

DER BIENENFRESSER

Bienenfresser lieben Wespen und Bienen, die sie im Flug fangen. Um sie fressen zu können, schlagen sie die Insekten mit ihrem Schnabel kräftig auf einen Ast, bis das Gift aus dem Stachel getreten ist. Zum Überwintern fliegen die Vögel ins nördliche Afrika.

DIE SMARAGDEIDECHSE

Die Smaragdeidechse heißt so, weil die Kehle der Männchen während der Paarungszeit wie ein Smaragd türkisblau leuchtet. Werden sie von Feinden am Schwanz gepackt, werfen sie ihn wie viele andere Eidechsen ab. Auch bei Smaragdeidechsen wächst er wieder nach.

DIE BLAUE HOLZBIENE

Eine der häufigsten Bienenarten im Mittelmeerraum ist die Blaue Holzbiene. Sie gleicht mit ihrer Größe und ihrem Körperbau eher einer Hummel, hat aber kürzere Flügel. Ihren Namen hat sie, weil sie ihre Nester in das Holz toter Bäume nagt.

DER FLAMINGO

Rosa Flamingos schreiten bei der Nahrungssuche langsam durch das Wasser und sieben mit ihrem Schnabel kopfüber Nahrung aus dem Salzwasserschlamm. Sie fressen Kleinkrebse, deren roter Farbstoff sich in ihren Federn einlagert.

DIE ETRUSKERSPITZMAUS

Könntest du das Herz der Etruskerspitzmaus hören, würdest du staunen: Es schlägt mehr als 1200 Mal in der Minute. Diese Maus ist das kleinste Säugetier der Welt, frisst aber täglich das Doppelte ihres Körpergewichts und ist daher ständig auf der Suche nach Insekten.

DIE GRIECHISCHE LANDSCHILDKRÖTE

Griechische Landschildkröten sind im ganzen Mittelmeerraum unterwegs, in Wäldern wie auch auf Wiesen oder in Gärten. Der Handel mit ihnen ist streng verboten, denn durch das Absammeln für den Haustiermarkt wurden sie in manchen Gegenden fast ausgerottet. Vielleicht hast du Glück und entdeckst ein Exemplar während deiner Ferien am Mittelmeer.

TIERE IN GANZ EUROPA

DER HECHT

Der Hecht lebt in Seen und langsam fließenden Flüssen. Er ist ein aggressiver Räuber, der sich von anderen Fischen und Krebstieren ernährt. Dabei lauert er seiner Beute vorzugsweise in der dichten Ufervegetation auf, um blitzschnell zuzustoßen.

DAS EICHHÖRNCHEN

Das Eichhörnchen kann hervorragende klettern, es kann sehr schnell auf einen Baum hinauf- und kopfüber wieder herunterklettern. In Astgabeln von Bäumen baut es sein Nest. Als Allesfresser ernährt es sich von Nüssen, Samen von Tannen- und Fichtenzapfen, Obst und Beeren, aber auch von Kleintieren und Vogeleiern.

DAS REH

Die kleinste europäische Hirschart ist sehr scheu und hält sich bevorzugt in lichten Wäldern auf. Rehe fressen mit Vorliebe die Blätter und Knospen von Bäumen, Gräser und Kräuter. Ist dir der helle Fleck am Hinterteil aufgefallen? Er wird Spiegel genannt.

DAS GRÜNE HEUPFERD

Das Heupferd gehört mit bis zu 40 mm Körperlänge zu Europas größten Heuschreckenarten. In warmen Abendstunden kannst du das laute Zirpen der Männchen hören, die damit Weibchen anlocken.

DER DISTELFALTER

15 000 km legen Distelfalter bei ihrem Flug von ihren Sommer- zu ihren Winterquartieren zurück: Im Herbst ziehen sie von Skandinavien nach Westafrika und nutzen dabei günstige Luftströmungen in bis zu 1000 m Höhe. Zu Beginn der Regenzeit geht es dann wieder zurück Richtung Norden. Das alles schaffen die Falter aber nur in Etappen und in insgesamt sechs Generationen.

DER KUCKUCK

Das Kuckucksweibchen ist ein Brutschmarotzer. Es legt heimlich ein Ei in ein Singvogelnest und lässt es dort ausbrüten. Schlüpft das Kuckucksjunge, wirft es die anderen Eier oder Jungen aus dem Nest, um keine Nahrungskonkurrenten zu haben.

DIE BLINDSCHLEICHE

Auch wenn die Blindschleiche aussieht wie eine Schlange und sich ähnlich wie diese vorwärtsschlängelt, gehört sie doch zu den Echsen. Wie die Eidechsen kann sie bei Gefahr das Schwanzende abwerfen, um Feinde abzulenken.

DIE ERDKRÖTE

Erdkröten bleiben ihren Laichplätzen treu. Sie kehren im Frühjahr zur Paarungszeit aus ihrem Winterquartier an das Gewässer ihrer Geburt zurück. Dabei lassen sich die kleineren Männchen gerne von den Weibchen auf dem Rücken tragen. Nach dem Laichen wandern sie zurück in Wälder und Wiesen.

DER ROTFUCHS

Mit seinen guten Ohren, den guten Augen einer Katze und dem Geruchssinn eines Hundes ist der Fuchs optimal an sein nachtaktives Leben angepasst. Heute lebt er auch in Großstädten, wo er Mülltonnen plündert. Seine Hauptnahrung sind sonst vor allem Mäuse.

DER FISCHOTTER

Der Fischotter ist ein Landraubtier, das sich an das Leben im Wasser angepasst hat. Sein dichter Pelz schützt ihn vor Kälte und Nässe. Er hat Schwimmhäute zwischen den Zehen und unter Wasser kann er seine Ohren und Nasenlöcher verschließen. Er frisst am liebsten Fische.

EUROPA-POLITIK

Sicherlich hast du in den Nachrichten schon öfter den Begriff »Europäische Union« gehört, oft wird auch von den »EU-Staaten« oder der »Europa-Politik« gesprochen. Doch was genau bedeutet das eigentlich?

EUROPÄISCHE UNION & DER EURO

Um wirtschaftlich und politisch einfacher zusammenzuarbeiten, haben sich viele Länder Europas zur Europäischen Union (EU) vereinigt. Von den 47 europäischen Ländern sind 27 Staaten Mitglied der EU. Seit 1999 haben viele EU-Staaten auch eine gemeinsame Währung, den Euro. Davor hatte jedes europäische Land seine eigene Währung. In Deutschland gab es die Deutsche Mark, in Österreich den Schilling, in Italien die Lira und in Frankreich den Franc.

MITGLIEDSLÄNDER DER EU

Die 27 Mitgliedstaaten der Europäischen Union kannst du auf der Karte rechts leicht erkennen. Weitere Länder wie zum Beispiel die Ukraine, Serbien und Montenegro wollen auch EU-Mitglieder werden. Wer in die Europäische Union aufgenommen werden will, muss einige Voraussetzungen erfüllen, in erster Linie muss das Land demokratisch sein.

RAT DER EUROPÄISCHEN UNION

Zum Rat der Europäischen Union mit Sitz in Brüssel gehören alle Fachminister und Fachministerinnen, zum Beispiel aus Umwelt-, Außen- und Finanzpolitik der EU. Der Rat wird deswegen auch oft EU-Ministerrat genannt. Mit dem EU-Parlament stimmt er über europäische Gesetze ab. Dabei muss er auch die Vorschläge der EU-Kommission sowie des Europäischen Rats berücksichtigen.

EUROPÄISCHER GERICHTSHOF

In Luxemburg hat der Europäische Gerichtshof seinen Sitz. Hier kann zum Beispiel die Kommission Länder der Europäischen Union anklagen, die gegen das Europarecht verstoßen haben. Der Europäische Gerichtshof ist nicht dasselbe wie der Europäische Gerichtshof für Menschenrechte, vor dem können nämlich Bürger und Bürgerinnen aller 47 europäischen Länder klagen, wenn sie sich in ihrem Land unmenschlich behandelt fühlen.

EU-PARLAMENT

In Straßburg tagt das Europäische Parlament, manchmal auch in Brüssel. Es beschließt zusammen mit dem EU-Ministerrat europäische Gesetze. Alle fünf Jahre werden die Abgeordneten (Volksvertreter und Volksvertreterinnen) des Parlaments von den EU-Bürgern neu gewählt. Die Anzahl der Abgeordneten hängt von der Bevölkerungszahl eines Landes ab. Der Verwaltungssitz des Parlaments ist übrigens in Luxemburg.

EU-KOMMISSION

Die EU-Kommission vertritt die Interessen der EU gegenüber anderen Staaten und passt auf, dass Gesetze innerhalb der EU auch eingehalten werden. Hält sich ein Land nicht an die Abmachungen, kann es von der Kommission bestraft werden. In der EU-Kommission sind 27 Kommissarinnen und Kommissare aktiv, jedes EU-Mitgliedsland schickt also einen Vertreter oder eine Vertreterin. Der Sitz der Kommission ist in Brüssel.

MITGLIEDER MIT EIGENER WÄHRUNG

- BULGARIEN
- DÄNEMARK
- POLEN
- RUMÄNIEN
- SCHWEDEN
- TSCHECHIEN
- UNGARN

EUROPÄISCHER RAT

Nicht zu verwechseln mit dem EU-Ministerrat ist der Europäische Rat, der aus den Staats- und Regierungschefs aller EU-Mitgliedstaaten besteht. Er trifft sich mehrmals im Jahr zu den sogenannten EU-Gipfeln, um über wichtige europäische Entscheidungen zu diskutieren. Übrigens gibt es auch noch den Europarat, der sich allerdings um Fragen aller 47 Staaten Europas kümmert.

MITGLIEDER MIT EURO

- BELGIEN
- DEUTSCHLAND
- ESTLAND
- FINNLAND
- FRANKREICH
- GRIECHENLAND
- IRLAND
- ITALIEN
- KROATIEN
- LETTLAND
- LITAUEN
- LUXEMBURG
- MALTA
- NIEDERLANDE
- ÖSTERREICH
- PORTUGAL
- SLOWAKEI
- SLOWENIEN
- SPANIEN
- ZYPERN

Manche Länder sind keine EU-Mitglieder, nutzen aber dennoch den Euro als Währung

ANDORRA, KOSOVO, MONACO, MONTENEGRO, SAN MARINO, VATIKANSTADT

ASIEN

Der asiatische Kontinent erstreckt sich von der Arktis hoch oben im Norden bis zum Äquator. Die Beringstraße ist eine Meerenge ganz im Osten von Asien. Sie trennt den asiatischen Erdteil von Nordamerika. Das Uralgebirge, der Uralfluss, das Kaspische Meer, das Kaukasusgebirge und das Schwarze Meer bilden die natürlichen Grenzen zu Europa. Da die Landmassen von Europa und Asien verbunden sind, spricht man auch vom Doppelkontinent Eurasien.

KONTINENT DER REKORDE

Asien ist der größte Erdteil unseres Planeten. Flächenmäßig ist es etwa viermal so groß wie Europa. Einschließlich seiner Inseln umfasst der asiatische Erdteil ungefähr ein Drittel der gesamten Landfläche der Erde. Doch Asien hat noch weitere Rekorde zu bieten: Es ist der bevölkerungsreichste Kontinent. Fast zwei Drittel der gesamten Menschheit sind Asiaten! Zudem liegen in Asien das größte Land der Welt, der höchste Gipfel und die tiefste Landschaft der Erde: das Tote Meer. Der Wasserspiegel dieses Salzsees liegt weit unter dem Meeresspiegel.

REGENWÄLDER, GEBIRGE UND WÜSTEN

In Asien gibt es eine große Vielfalt an unterschiedlichen Landschaften: Hier kannst du tropische Strände und die eiskalte Tundra finden, Hochgebirge, fruchtbare Ebenen und erdölreiche Wüstenregionen. Der Südosten Asiens besteht fast ausschließlich aus zahlreichen größeren und kleineren Inseln. Hier wachsen tropische Regenwälder, in denen neben vielen Affenarten auch Leoparden und Tiger leben.

SIBIRISCHE KÄLTE UND AFFENHITZE

Durch seine große Ausdehnung hat Asien Anteil an allen Klimatypen. Die kältesten Gebiete der Erde befinden sich in Sibirien. Dagegen erreicht das Thermometer auf der Arabischen Halbinsel Rekordwerte im Plusbereich. Dort herrscht überwiegend wüstenhaftes Klima. In der Deltaregion des Flusses Ganges in Nordostindien fällt der meiste Niederschlag der Erde. Durch den starken Monsunregen kommt es immer wieder zu verheerenden Überschwemmungen. Das feuchtheiße Klima der Regenwälder eignet sich besonders gut zum Anbau von Reis, dem wichtigsten Lebensmittel in Asien.

FASZINIERENDE KULTUREN

Es gibt in Asien viele verschiedene Völker mit eigener Sprache, Kultur und Religion. Alle großen Weltreligionen wie Judentum und Christentum, Islam, Hinduismus und Buddhismus haben ihren Ursprung in Asien.

Aus China kommen viele weltweit gebräuchliche Dinge wie Papier, Seide und Porzellan, aus dem etwa Teller oder Teekannen gemacht sind. Auch Nudeln und Zahnbürsten wurden in China erfunden!

Im Nahen Osten rauchen viele Menschen Wasserpfeife (Shisha). Die Pfeife ist meist reich verziert. Sie wird als Zeichen der Gastfreundschaft angeboten und gemeinsam geraucht. Oft werden Süßigkeiten und Tee dazu gereicht.

Handgearbeitete Teppiche aus dem Nahen Osten – etwa aus dem Iran oder aus Indien – sind weltberühmt. Viele der gewebten oder geknüpften Teppiche haben kunstvolle Muster und Verzierungen.

Bestimmt hast du auch ein T-Shirt aus Baumwolle. Baumwolle ist eine Naturfaser, die nicht kratzt und sehr saugfähig ist. Sie wird unter anderem in Pakistan, Usbekistan und der Türkei angebaut und verarbeitet.

Weißt du, was »schwarzes Gold« ist? Damit ist Erdöl gemeint. Die zähe schwarze Masse ist ein wertvoller Bodenschatz und wird mithilfe riesiger Bohrtürme am Persischen Golf gefördert.

Reis gehört zu unseren Grundnahrungsmitteln. Fast 90 Prozent der weltweiten Reisernte wird in Asien, vor allem in Indien und China, angebaut.

DAS REICH DER AUFGEHENDEN SONNE

Weißt du, in welcher Himmelsrichtung die Sonne aufgeht? Genau, im Osten! Auch Asien liegt von uns aus gesehen im Osten. Daher hat der Kontinent seinen Namen, denn »Asien« heißt so viel wie »Sonnenaufgang«. Schon die alten Römer haben oft Regionen mit dem Sonnenlauf in Verbindung gebracht. So bedeutet das lateinische Wort »Orient«, mit dem die Länder des Nahen Ostens bezeichnet wurden, »aufgehende Sonne«. Später sagte man dazu auch »Morgenland« – im Gegensatz zum »Abendland«, dem westlichen Europa, wo die Abendsonne untergeht.

HOCHKULTUREN IN ASIEN

In Asien entstanden vor mehr als 5000 Jahren die ersten Hochkulturen, etwa die Hochkultur der Sumerer in Mesopotamien. Die Sumerer entwickelten das erste Schriftsystem der Welt, die Keilschrift, und sie betrieben regen Handel mit anderen Ländern. Die weltweit älteste Kultur hat jedoch China: Sie besteht seit mehreren Jahrtausenden!

KARAWANEN AUF DER SEIDENSTRASSE

Obwohl China von hohen Gebirgen, riesigen Wäldern und ausgedehnten Wüsten umgeben ist, entwickelte sich ein ganzes Netz an Handelswegen, das China über Mittelasien mit dem Mittelmeer verband. Auf dieser weltberühmten Seidenstraße kämpften sich schwer beladene Kamelkarawanen durch Sandstürme, überquerten Gebirge und kamen sogar bis nach Europa. Die Seidenstraße wurde ein wichtiger Transportweg zwischen Europa und Asien – nicht nur für den Austausch von Gütern, sondern auch von Ideen!

MARCO POLO

Hast du schon einmal von Marco Polo gehört? Er durchquerte im 13. Jahrhundert als einer der ersten Europäer ganz Asien. Mehr als 24 Jahre lang reiste er bis nach China: Sein Weg führte durch die Gebirge Afghanistans und die kalte Wüste Gobi. Marco Polos Reiseberichte von fremden Völkern und Städten im fernen Asien regten jahrhunderte-lang die Fantasie von Dichtern und Entdeckern an.

Marco Polo war ein Händler aus Venedig. Kein Wunder, dass er sich für Gewürze, Stoffe und andere Handelsgüter aus fremden Ländern interessierte. Auch er ritt auf Kamelen über die ***Seidenstraße*** nach China. Zurück nach Europa reiste er mit dem Schiff.

Marco Polo trifft in Asien den mongolischen Herrscher ***Kublai Khan*** – einen Enkel von Dschingis Khan.

Porzellan und Seide aus Asien waren in Europa heiß begehrt. ***Echte Seide*** wird aus den Fäden gewonnen, die die Raupe eines Schmetterlings namens ***Seidenspinner*** zum Verpuppen verwendet.

In der Taiga im Norden Asiens liegt das größte zusammenhängende Waldgebiet der Erde. Dort gibt es immer noch »weiße Flecken«, also Stellen, die noch nie ein Mensch betreten hat.

Der größte Tiger der Erde ist der Sibirische Tiger. Er ist vom Aussterben bedroht und lebt in den Taigawäldern im Osten Russlands.

Drachen gelten im asiatischen Raum als Glückssymbol. So kommt der Drache auch in der chinesischen Kultur und Kunst oft vor und beim chinesischen Neujahrsfest werden Drachentänze aufgeführt.

Die Kampfkunst hat in Asien eine lange Tradition. Hast du schon mal von Judo gehört? Es bietet die Möglichkeit, sich ohne Waffen – also nur mit Händen und Füßen – zu verteidigen.

Die Geisha ist eine hoch angesehene Künstlerin. Bei besonderen Anlässen führt sie traditionelle japanische Tänze vor. Die seidenen Gewänder der Geishas heißen Kimonos.

Die Chinesische Mauer ist eine ehemalige Grenzbefestigung an der Nord- und Nordwestgrenze Chinas. Mit mehreren tausend Kilometer Länge ist sie das längste Bauwerk der Welt.

Von Hand gezogene Rikschas waren früher das Taxi Asiens. Da die Arbeit als Rikschafführer aber sehr anstrengend ist, gibt es heute vermehrt Rikschas, die mit einem Fahrrad, Motorrad oder Auto angetrieben werden.

48 STAATEN

S. 32–33 **NORDMITTELASIEN:**
Kasachstan, Kirgisistan, Russland, Tadschikistan, Turkmenistan, Usbekistan

S. 34–35 **SÜDWEST- & MITTELASIEN:**
Afghanistan, Armenien, Aserbaidschan, Bahrain, Georgien, Irak, Iran, Israel, Jemen, Jordanien, Katar, Kuwait, Libanon, Oman, Pakistan, Saudi-Arabien, Syrien, Türkei, Vereinigte Arabische Emirate

S. 36–37 **SÜD- & MITTELASIEN:**
Bangladesch, Bhutan, China, Indien, Japan, Malediven, Mongolei, Myanmar, Nepal, Nordkorea, Sri Lanka, Südkorea, Taiwan

S. 38–39 **SÜDOSTASIEN:**
Brunei, Indonesien, Kambodscha, Laos, Malaysia, Osttimor, Philippinen, Singapur, Thailand, Vietnam

ca. 45,3 Mio. km²

ca. 4,65 Milliarden

Gesamtfläche und Gesamtbevölkerung jeweils ohne den europäischen Teil von Russland

KLEINSTES LAND
MALEDIVEN
Inselstaat im Indischen Ozean
300 km²

GRÖSSTES LAND
RUSSLAND
drei Viertel in Asien, der Rest in Europa
16,37 Mio. km²

LAND MIT DEN MEISTEN EINWOHNERN
Indien
1,43 Milliarden

GRÖSSTE STADT
TOKIO
in Japan
ca. 37,34 Mio.

GRÖSSTE INSEL
BORNEO
Heimat des Borneo-Orang-Utans
751 936 km²

GRÖSSTER SEE
KASPISCHES MEER
386 400 km²

TIEFSTER SEE
BAIKALSEE
in Russland
1642 m

LÄNGSTER FLUSS
JANGTSEKIANG
in China
6380 km

HÖCHSTER BERG
MOUNT EVEREST
in Nepal/China (Tibet)
8848 m

TIEFSTE SCHLUCHT
KALI-GANDAKI-TAL
in Nepal
über 5600 m

In der Mongolei leben viele Nomaden. Da sie umherziehen, wohnen sie in Zelten. Die kreisrunden Jurten können schnell auf- und abgebaut werden.

In manchen asiatischen Ländern werden Elefanten als Arbeitstiere eingesetzt, etwa in Thailand oder in Indien. Unter der Aufsicht eines Elefantenführers können die riesigen Dickhäuter schwere Gegenstände bewegen.

NORDMITTEL-ASIEN

Im Norden und in der Mitte von Asien liegen Russland, Kasachstan, Kirgisistan, Usbekistan, Turkmenistan und Tadschikistan. Russland wird aus kulturellen und politischen Gründen häufig zu Europa gerechnet. Aus geografischer Sicht gehört es zu Asien, denn der größte Teil von Russland befindet sich auf dem asiatischen Kontinent.

DAS GRÖSSTE LAND DER ERDE

Russland ist über 16 Millionen km² groß – so groß wie kein anderes Land auf der Erde. Verschiedene sehr weitläufige Landschaften prägen das Land, sodass man tagelang durch dichte Nadelwälder oder karge Steppen laufen kann. Aufgrund der großen räumlichen Ausdehnung ist auch das Klima innerhalb Russlands ganz unterschiedlich. Überwiegend herrscht kontinentales Klima mit kurzen, trockenen Sommern und langen, oft eiskalten Wintern.

SIBIRISCHE KÄLTE

Das riesige Gebiet im nordasiatischen Teil Russlands nennt man Sibirien. Dort müssen die Menschen im Winter Temperaturen von bis zu 70 Grad Celsius unter Null ertragen. Bei dieser Kälte gefriert die Milch sofort, wenn sie aus der Kuh kommt! In den sibirischen Böden sind die größten Schätze Russlands verborgen, vor allem Kohle, Eisen und Erdöl.

STEPPEN, WÜSTEN UND GEBIRGE

Südöstlich von Russland schließen sich Kasachstan, Kirgisistan, Usbekistan, Turkmenistan und Tadschikistan an. Kasachstan ist das größte dieser fünf Länder und der neuntgrößte Staat der Erde. Hier gibt es sowohl sumpfige Gebiete, viele Seen und Flüsse als auch weite Steppen, Halbwüsten und Wüsten sowie waldige Gebirgsketten. In Usbekistan und Turkmenistan besteht die Landschaft überwiegend aus Steppen und Wüsten. Kirgisistan und Tadschikistan sind dagegen sehr gebirgig, mit teils schroffen, unzugänglichen Hochgebirgslandschaften.

Auf dem Roten Platz in Moskau steht die Basilius-Kathedrale. Sie hat neun Hauptkuppeln, die in bunten Farben gemustert sind. Früher waren die Kuppeln alle mit Blattgold beschichtet und die Kathedrale selbst war weiß.

Der Fluss Lena ist meistens von Oktober bis Juni zugefroren. Die Einheimischen bohren Löcher in die Eisdecke und versuchen, mit einer Angel Fische zu erbeuten. Beim Eisangeln ist besondere Geschicklichkeit gefragt!

In der Nähe der Stadt Baikonur im Süden von Kasachstan befindet sich das Kosmodrom: der russische Weltraumbahnhof mit dem größten Raketenstartplatz der Welt. Von hier aus starten die russischen Weltraum-Missionen.

Priwjet! Ich heiße Tatjana, bin 9 Jahre alt und wohne in Moskau. Heute macht meine Mutter Blinis. Das sind kleine Pfannkuchen. Am liebsten mag ich sie mit rotem Kaviar gefüllt. Wenn es draußen kalt ist, gibt es Tee aus dem Samowar. Das ist ein großer Heißwasserkessel mit einem Hahn. Auf dem Deckel steht eine kleine Kanne mit aufgebrühten Teeblättern. In einem Glas füllt sich jeder ein bisschen vom starken Tee aus der Kanne mit heißem Wasser aus dem Kessel auf.

DEINE TATJANA

Im Permafrostboden auf den Neusibirischen Inseln wurde im Mai 2013 ein gut erhaltener Kadaver eines Mammut-Weibchens entdeckt. Er ist rund 50 000 Jahre alt!

Das kälteste Dorf der Welt heißt Oimjakon. Es liegt knapp 700 km nordöstlich von Jakutsk. Dort werden Tiefstwerte von fast 70 Grad Celsius unter Null gemessen. Wenigstens haben die Kinder ab minus 45 Grad Celsius schulfrei.

Nicht nur in Finnland, auch in Russland gibt es eine Sauna-Kultur. Die russische Sauna wird Banja genannt und ist mit bis zu 100 Grad Celsius heißer als die finnische Sauna.

Der Aralsee war früher der viertgrößte See der Welt. Heute ist er jedoch vom Austrocknen bedroht, da große Mengen Wasser zur Bewässerung der Felder aus seinen Zuflüssen abgeleitet werden.

In Russland gibt es oft Blockhäuser oder Blockhütten. Sie werden aus übereinandergestapelten Baumstämmen gebaut. Auf den Dörfern gehört zu jedem Wohnhaus noch eine Banja, das Bade- und Saunahaus der Russen.

Im Kaspischen Meer lebt der Stör. Der Fisch wird rund 2,5 m lang, manchmal bis zu 6 m. Die reifen Eier des Störs sind als edler Kaviar weltweit sehr begehrt. Doch auch das Fleisch des Fischs ist sehr schmackhaft.

Die gesamte Strecke von Russlands Hauptstadt Moskau bis nach Wladiwostok am Japanischen Meer kann man mit der Transsibirischen Eisenbahn zurücklegen. Das sind über 9000 km – die längste Bahnstrecke der Welt!

Eine klirrend kalte Touristenattraktion ist eine Schlittenfahrt über den zugefrorenen Baikalsee. Der Schlitten wird von mehreren Huskys gezogen. Auf der rund 1 m dicken Eisschicht können sogar Lkws über den See fahren!

Kreml; typisch russische *Matrjoschka*-Puppen; *Roter Platz* mit der *Basilius-Kathedrale*; *Samowar* zur Zubereitung von Tee

KASACHSTAN
Astana
2,7 Mio. km²
ca. 18,75 Mio.
Kasachisch, Russisch

KIRGISISTAN
Bischkek
191 800 km²
ca. 6,6 Mio.
Kirgisisch, Russisch

RUSSLAND
Moskau
16,3 Mio. km²
ca. 144,1 Mio.
Russisch

TADSCHIKISTAN
Duschanbe
139 960 km²
ca. 9,5 Mio.
Tadschikisch

TURKMENISTAN
Aschgabat
469 930 km²
ca. 6,0 Mio.
Turkmenisch

USBEKISTAN
Taschkent
425 400 km²
ca. 34,2 Mio.
Usbekisch

SÜDWEST- & MITTEL-ASIEN

Im Südwesten und in der Mitte Asiens sind große Teile von Wüstensand bedeckt. Es gibt aber auch mächtige Gebirge und fruchtbare Flusstäler. So unterschiedlich wie die Landschaft, so unterschiedlich ist das Klima: Während die Temperaturen auf der Arabischen Halbinsel selbst im Winter selten unter 20 Grad Celsius fallen, gibt es in den Gebirgen Mittelasiens kalte Winter mit Frost und Schnee.

WENIG WASSER UND VIEL ÖL

Vor allem das Landesinnere der Arabischen Halbinsel ist sehr trocken. Dort gibt es die größten Sandwüsten der Erde, zum Beispiel die Nefud-Wüste. Dennoch sind die Länder in diesem Gebiet dank ihrer Erdöl- und Erdgasvorkommen sehr reich. Auf der Arabischen Halbinsel liegen Saudi-Arabien, Jemen, Oman, Kuwait, die Vereinigten Arabischen Emirate, Katar und Bahrain. Zusammen mit Syrien, Libanon, Israel und Jordanien werden diese Länder oft als »Naher Osten« bezeichnet.

SPAZIERGANG AUF ZWEI KONTINENTEN

Wusstest du, dass die Türkei auf zwei Kontinenten liegt? Ein sehr kleiner Teil des Landes gehört zu Europa, der größere zu Asien. In der türkischen Stadt Istanbul kannst du ganz einfach von Europa nach Asien spazieren! Du brauchst nur über eine der beiden Hängebrücken zu laufen, die über den Bosporus führen. Der Bosporus ist eine Meerenge, die den europäischen vom asiatischen Erdteil trennt.

WÜSTEN, TÄLER UND JEDE MENGE BERGE

Georgien, Armenien und Aserbaidschan umfassen das Gebirge des Großen und des Kleinen Kaukasus. Die Länder Iran, Irak, Pakistan und Afghanistan bestehen zum größten Teil aus Wüsten, Halbwüsten und zerklüfteten Gebirgen. Die Küste des Iran am Kaspischen Meer sowie die Flusstäler des Tigris und des Euphrat im Irak sind dagegen sehr fruchtbar. In Afghanistan und Pakistan gibt es die beiden Hochgebirge Hindukusch und Karakorum. In Pakistan liegt sogar der zweithöchste Berg der Erde: der 8611 m hohe K2 im Karakorum. Weißt du, wie der höchste Berg der Erde heißt?

AFGHANISTAN

Kabul
652 860 km²
ca. 38,9 Mio.
Paschtu, Dari

ASERBAIDSCHAN

Baku
82 658 km²
ca. 10,1 Mio.
Aserbaidschanisch

ARMENIEN

Eriwan
28 470 km²
ca. 2,9 Mio.
Armenisch

BAHRAIN

Manama
760 km²
ca. 1,7 Mio.
Arabisch

Da das Wasser des Toten Meers zehnmal salziger als anderes Meerwasser ist, existiert darin kaum Leben. Salz erhöht die Dichte des Wassers. Darum ist der Auftrieb im Toten Meer sehr stark und du kannst beim Baden nicht untergehen.

Die **Sultan-Ahmed-Moschee** und der **Bosporus** in Istanbul; Tänzer im **Derwisch-Kostüm**; **Gewürze** auf einem türkischen Markt

Selam! Ich heiße Fatih,
bin 12 Jahre alt und
wohne in Istanbul.
Hinter dem Haus haben
wir einen kleinen Garten,
von dem aus wir den Bosporus und manchmal auch
Delfine sehen! Von hier aus kann ich sogar bis nach Europa
rübersehen. Der Stadtteil auf der anderen Seite des
Bosporus liegt nämlich auf dem europäischen Kontinent.
Wenn Besuch kommt, trinken wir zusammen Tee und
essen Baklava. Das ist mein Lieblingsgebäck.
Es besteht aus Blätterteig,
Sirup und Nüssen.

DEIN FATIH

GEORGIEN
Tiflis
69 490 km²
ca. 3,7 Mio.
Georgisch

IRAN
Teheran
1,6 Mio. km²
ca. 86,8 Mio.
Persisch

JEMEN
Sanaa
527 970 km²
ca. 30,9 Mio.
Arabisch

KATAR
Doha
11 610 km²
ca. 2,5 Mio.
Arabisch

OMAN
Maskat
309 500 km²
ca. 3,8 Mio.
Arabisch

IRAK
Bagdad
434 320 km²
ca. 40,2 Mio.
Arabisch, Kurdisch

ISRAEL
INKL. PALÄSTINENSISCHE GEBIETE

Jerusalem
21 640 km²
ca. 13 Mio.
Hebräisch, Arabisch

JORDANIEN
Amman
88 780 km²
ca. 11 Mio.
Arabisch

KUWAIT
Kuwait-Stadt
17 820 km²
ca. 3,1 Mio.
Arabisch

PAKISTAN
Islamabad
770 880 km²
ca. 242,9 Mio.
Urdu

LIBANON
Beirut
10 230 km²
ca. 5,3 Mio.
Arabisch

SAUDI-ARABIEN
Riad
2,1 Mio. km²
ca. 35,4 Mio.
Arabisch

Die Moschee ist das Gotteshaus des Islams und sozialer Treffpunkt der Gläubigen. Sie hat meistens vier Türme, die Minarette. Von hier aus ruft der Muezzin über Lautsprecher fünfmal am Tag die Muslime zum Gebet.

Im Iran kannst du die uralten Ruinen von Persepolis besuchen. Die Stadt wurde 520 v. Chr. von dem altpersischen Großkönig Dareios I. gebaut. Heute noch sind wertvolle Reliefs, Säulen und riesige Fenster- und Türrahmen der prachtvollen Paläste zu sehen.

km 0 400 800

Meilen 0 400 800

Jemens Hauptstadt Sanaa liegt in 2200 m Höhe. Dort gibt es wunderschöne Turmhäuser aus Lehm, die bis zu acht Stockwerke haben. Die Altstadt Sanaas wurde von der UNESCO zum Weltkulturerbe ernannt.

Im Koran steht, dass Muslime einmal im Leben nach Mekka pilgern sollten, das liegt in Saudi-Arabien. Dort befindet sich im Hof der Heiligen Moschee die Kaaba. Das quaderförmige Gebäude stellt das »Haus Gottes« dar und wird siebenmal von den Pilgern gegen den Uhrzeigersinn umrundet.

SYRIEN
Damaskus
183 630 km²
ca. 21,6 Mio.
Arabisch

TÜRKEI
Ankara
769 630 km²
ca. 83,1 Mio.
Türkisch

VEREINIGTE ARABISCHE EMIRATE
Abu Dhabi
83 600 km²
ca. 9,9 Mio.
Arabisch

SÜD- & MITTEL-ASIEN

Süd- und Mittelasien hat Länder mit sehr vielen Einwohnern und Länder, in denen nur sehr wenige Menschen leben. Ebenso trifft man hier auf ganz unterschiedliche Landschaftsformen und Klimazonen: Es gibt weitläufige Ebenen, Hügelland und Hochgebirge, heiße und winterkalte Wüsten, tropisch-feuchte Regenwälder und Nadelwälder, in denen oft monatelang Schnee liegt.

DIE MEISTEN MENSCHEN

Die beiden bevölkerungsreichsten Länder der Erde sind China und Indien. In beiden Ländern leben jeweils um die 1,4 Milliarden Menschen. Das bedeutet, dass jeder dritte Mensch Inder oder Chinese ist.
In Indien gibt es um die 46 Millionenstädte, in China 135. Zum Vergleich: Deutschland hat nur vier Städte mit über 1 Million Einwohnern! Weißt du, welche?

WENIG MENSCHEN

Ganz anders als in China und Indien wohnen in der Mongolei sehr wenige Menschen. Kein Wunder: Ein großer Teil des Landes besteht aus Steppen- und Wüstenland. Im Nordwesten liegen Seen und Wälder sowie das Altai-Gebirge, das immer schneebedeckt ist. Mongolische Winter sind sehr lang – in der winterkalten Wüste Gobi liegt oft noch im April Schnee und einige Seen sind bis Juni zugefroren.

GETEILTES LAND

Zu Ostasien gehören auch die Pazifikinsel Taiwan, die von China beansprucht wird, sowie die gebirgige koreanische Halbinsel. Ähnlich wie Deutschland nach dem Zweiten Weltkrieg in Ost- und Westdeutschland (DDR und BRD) geteilt worden ist, wurde Korea 1948 in Nord- und Südkorea geteilt. Das kommunistisch regierte Nordkorea ist heute sehr arm und fast komplett von der Außenwelt abgeschottet. Südkorea ist dagegen ein weltoffenes und eher reiches Land.

TAUSENDE VON INSELN

Japan besteht aus vier großen Inseln (Hokkaido, Honshu, Shikoku und Kyushu)
sowie tausenden von kleineren Inseln. Das Land ist überwiegend bergig bis hügelig und bewaldet. Es gibt mehrere aktive Vulkane.
Da sich Japan über viele Breitengrade erstreckt, hat es ganz unterschiedliche Klimazonen.
So kann es sein, dass die Japaner im Norden auf Hokkaido Ski fahren, während es auf Okinawa in Südjapan tropisch warm ist.

In Tibet gibt es ein Instrument namens »Dungchen«, das dem traditionellen Alphorn etwas ähnelt. Es ist ein Blechblasinstrument, auf dem man sehr tiefe und volle Töne spielen kann.

Lhasa heißt die Hauptstadt des Autonomen Gebiets Tibet, das in China liegt. In Lhasa steht der Potala-Palast, der ehemalige Sitz des Dalai Lama. Der Dalai Lama ist das geistliche Oberhaupt der Tibeter.

Weltweit gibt es Kinder, die arbeiten müssen, weil ihre Familien sehr arm sind. Besonders häufig kommt Kinderarbeit in asiatischen Ländern vor, etwa in Nepal, Indien, China und Bangladesch, sowie in Teilen Afrikas.

In Agra in Nordindien kannst du eines der schönsten Gebäude der Welt bewundern: Das Tadsch Mahal ist ein riesiges Grabmal, das wie eine Moschee aussieht. Mehr erfährst du bei den »sieben Weltwundern«!

Ni hǎo! Ich heiße Mai-Lin, bin 7 Jahre alt und wohne in einem Dorf im Nordwesten Chinas. Wie fast alle hier bauen meine Eltern Weizen und Mais an. Bei der Ernte helfe ich mit. Da ist viel zu tun, aber es ist nicht so anstrengend, wie chinesische Schriftzeichen zu üben! Davon gibt es nämlich über 80 000! Doch alle kann keiner, nicht mal unser Lehrer. Um ein Buch lesen zu können, reichen zum Glück etwa 3000 Zeichen. Gleich machen wir Jiăozi. Das sind gefüllte Teigklöße. Lecker!

DEINE MAI-LIN

Bei Xi'an stießen Bauern 1974 zufällig auf eine riesige Grabanlage aus dem Jahr 210 v. Chr. Sie wurde für Kaiser Qín Shihuángdì erbaut und enthält Wohnhäuser, Ställe, Pferde und tausende von lebensgroßen Soldaten aus Ton.

2011 ereignete sich vor der Küste Japans ein großes Seebeben. Es löste eine 23 m hohe Welle aus, die an Land auch das Atomkraftwerk Fukushima zerstörte. Dadurch wurde gefährliche Strahlung freigesetzt.

Ein berühmtes Wahrzeichen Japans ist das »Torii« des Itsukushima-Schreins auf der Insel Miyajima. Das große rote Holztor wird bei Flut komplett vom Meer umspült. Bei Ebbe kann man es zu Fuß erreichen.

Das Musikinstrument der Mongolen ist die Pferdekopfgeige. Sie hat einen kastenförmigen Korpus und nur zwei Saiten, die mit einem Bogen gestrichen werden. Der lange Hals trägt am Ende einen geschnitzten Pferdekopf.

In Rangun in Myanmar kannst du die Shwedagon-Pagode besuchen, ein sehr bedeutendes buddhistisches Bauwerk. Sie ist reich verziert mit mehreren Tonnen Blattgold und Tausenden von Diamanten.

In Indien ist der Hinduismus – eine der großen Weltreligionen – weitverbreitet. Und für einen gläubigen Hindu ist eine Kuh heilig. Deswegen dürfen in Indien Kühe auf der Straße laufen. Sie haben immer Vorfahrt!

BANGLADESCH
- Dhaka
- 130 170 km²
- ca. 165,7 Mio.
- Bengali

BHUTAN
- Thimphu
- 38 117 km²
- ca. 867 800
- Dzongkha

CHINA
- Peking
- 9,4 Mio. km²
- 1,4 Milliarden
- Hochchinesisch (Mandarin)

INDIEN
- Neu-Delhi
- 2,9 Mio. km²
- 1,4 Milliarden
- Hindi, Englisch

JAPAN
- Tokio
- 364 560 km²
- ca. 124,2 Mio.
- Japanisch

MALEDIVEN
- Malé
- 300 km²
- ca. 390 200
- Dhivehi

MONGOLEI
- Ulaanbaatar
- 1,5 Mio. km²
- 3,2 Mio.
- Mongolisch

MYANMAR
- Naypyidaw
- 653 290 km²
- ca. 57,5 Mio.
- Birmanisch

NEPAL
- Kathmandu
- 143 350 km²
- ca. 30,7 Mio.
- Nepali

NORDKOREA
- Pjöngjang
- 120 410 km²
- ca. 30 Mio.
- Koreanisch

SRI LANKA
- Colombo
- 62 710 km²
- ca. 23,2 Mio.
- Sinhala, Tamil

SÜDKOREA
- Seoul
- 97 350 km²
- ca. 51,8 Mio.
- Koreanisch

TAIWAN
- Taipeh
- 36 170 km²
- ca. 23,6 Mio.
- Hochchinesisch (Mandarin)

Spektakuläre Landschaften: Karstlandschaft bei ***Guilin***; ***Bunte Berge*** von Zhangye Danxia; ***Steinwald*** in Yunnan

SÜDOST-ASIEN

Südostasien umfasst die Halbinsel Hinterindien und den Indonesischen Archipel, der auch Malaiischer Archipel heißt. Immerfeuchtes tropisches Klima ist typisch für den größten Teil Südostasiens. Die Landschaften sind abwechslungsreich: Es gibt zahlreiche Gebirgsketten, tropische Regen- und Bergwälder, fruchtbare Flusstäler und breite Ebenen, in denen zum Beispiel Reis angebaut wird.

MASSENHAFT INSELN

Tausende größerer und kleinerer Inseln liegen verstreut über ganz Südostasien. Die größte Inselgruppe ist Indonesien – übrigens nicht nur in Südostasien, sondern weltweit. Indonesien hat mehr als 17 500 Inseln! Die meisten sind aber nicht bewohnt. Die größeren Inseln heißen Sumatra, Java, Kalimantan, Sulawesi und Neuguinea. Dort gibt es Vulkanlandschaften, Regenwälder und in höheren Lagen Wälder, die fast den ganzen Tag über in Wolken gehüllt sind. In diesen Nebelwäldern ist es so feucht wie in einer Waschküche! Singapur besteht aus der Hauptinsel Singapur und ungefähr 63 weiteren kleineren Inseln. Auf der Hauptinsel leben die meisten Einwohner.

SÜDOSTASIEN HAT VIELE GESICHTER

Während Singapur, Thailand und Malaysia moderne Industrie haben, müssen sich Kambodscha und Laos noch immer von schrecklichen Kriegen erholen. Erst langsam finden diese Länder zu einem normalen Leben zurück. Durch Vietnam, Kambodscha und Laos zieht sich der Fluss Mekong. Wegen seiner Vielzahl von Armen und Nebenarmen wird er auch der »Fluss der neun Drachen« genannt.

SCHWARZES GOLD

Erdöl machte Brunei zu einem der reichsten Länder der Welt. Auf den Philippinen hingegen leben viele Menschen in Armut. Vor allem das schnelle Bevölkerungswachstum und häufige Naturkatastrophen haben die Wirtschaft des Landes zerstört und zu großer Arbeitslosigkeit geführt. Das wohl bekannteste Land in Südostasien ist Thailand. Mehrere Millionen Touristen verbringen hier jährlich ihren Urlaub zwischen paradiesischen Palmenstränden und Tempelanlagen.

Mabuhay! Mein Name ist Jomel. Ich bin 12 Jahre alt und wohne auf den Philippinen. Unser Haus hat mein Vater gebaut. Es ist aus Holz und steht auf Pfählen, weil es hier Überschwemmungen geben kann. Während des Monsuns regnet es nämlich sehr viel. Nachher spiele ich mit meinen Freunden Sipa. Es gibt dabei zwei Mannschaften und man muss einen Ball über ein Netz kicken. Hoffentlich bringt Daau wieder Kokosnüsse mit oder selbst gemachtes Halo-halo. Das ist Wassereis mit Kondensmilch, Bohnen und Kochbananen.

DEIN JOMEL

PFLANZEN VOM HIMALAYA BIS INDONESIEN

DER RHODODENDRON

Weltweit gibt es über 1000 Rhododendronarten, die meisten sind in Asien beheimatet. Im Himalaya bilden sie riesige Wälder und in Nepal ist diese Art sogar Nationalpflanze.

DER FRAUENSCHUH

Diese prächtige Orchidee ist von Europa bis Asien zu finden. Ihr unteres Blütenblatt hat die Form eines Kelchs, der an einen Frauenschuh erinnert – daher kommt der Name.

DER TITANWURZ

Wenn du in den Wäldern von Sumatra den Titanwurz bewundern willst, halte dir besser die Nase zu. Diese bis zu 3 m hohe Blume blüht nur alle paar Jahre und wird auch als »Leichenblume« bezeichnet, denn ihr entströmt ein Geruch, der verrottendem Fleisch ähnelt. Wir Menschen ekeln uns davor, aber sie lockt damit Insekten zum Bestäuben an.

DIE RAFFLESIA ARNOLDII

Die Rafflesia ist eine seltsame Pflanze. Sie hat weder Blätter noch richtige Wurzeln. Mit einem wurzelartigen Geflecht verankert sie sich vollständig in ihrer Wirtspflanze und zapft von ihr Nährstoffe ab. Ihre Blüte kann einen Durchmesser von einem Meter haben.

DIE BANANE

Weißt du eigentlich, dass Bananen aus botanischer Sicht Beerenfrüchte sind? Wenn du genau hinsiehst, erkennst du in der Frucht viele kleine, dunkle Samen. Die meisten Bananen wachsen nur in tropischen Ländern, da sie sehr kälteempfindlich sind. Die Wildform stammt aus Südostasien.

PFLANZEN IN CHINA & JAPAN

DER CHINESISCHE HIBISKUS

Wir kennen den Hibiskus mit seinen prächtigen Blüten nur als Zierpflanze. In Asien aber wird Saft aus den Blütenkronblättern gewonnen, um Augenbrauen, Haare und Schuhe schwarz zu färben.

DER WEISSE MAULBEERBAUM

Die Zucht der Seidenraupen in China wäre ohne den Weißen Maulbeerbaum undenkbar. Die Raupen ernähren sich von seinen Blättern, Menschen essen lieber die süßen Früchte.

DER GINSENG

Ursprünglich wuchs der Ginseng in den Laubwäldern Chinas und Koreas. Die Heilwirkung seiner Wurzel ist bereits seit Jahrtausenden bekannt und er wird deshalb auf großen Plantagen angepflanzt.

DER GINGKO

Botanisch zählt der Gingkobaum zwar zu den Nadelbäumen, aber wie du sehen kannst, hat er Blätter wie Laubbäume. Im Herbst werden sie gelb und fallen dann ab. Der Gingko gehört zu den ältesten Bäumen der Welt. Bei uns wird er gerne als Zierbaum angepflanzt.

DIE LOTOSBLUME

In vielen Teilen Asiens wurde die Lotosblume zum Sinnbild für Reinheit. Von ihren Blättern perlt das Wasser einfach ab und nimmt dabei alle Schmutzpartikel mit. Das liegt an dem speziellen Aufbau der Blattoberfläche. Dieser »Lotuseffekt« wird mittlerweile von der Industrie nachgeahmt und bei vielen Oberflächen wie zum Beispiel Dachziegeln genutzt.

DER MOSO-RIESENBAMBUS

Riesenbambus wächst in China bis zu 30 m hoch und bildet schnell einen richtigen Wald. Es gibt über 1000 Bambusarten. Ihre Sprossen sind Nahrung für Menschen und Tiere. Bambus wird beim Häuserbau und bei der Herstellung von Körben, Schüsseln, Matten und Vorhängen verwendet.

TIERE DER TUNDRA & TAIGA NORDASIENS

DER RIESENSEEADLER

Der Riesenseeadler lebt an der Ostküste Sibiriens und ist einer der größten Greifvögel der Erde. Mit seinem schwarz-weißen Gefieder und dem sehr kräftigen orangegelben Schnabel kannst du ihn gut von anderen Seeadlerarten unterscheiden.

DER BURUNDUK

Durch seine Fellfärbung ist das Sibirische Streifenhörnchen Burunduk im Wald gut getarnt. Das ist auch wichtig, denn obwohl es ein guter Kletterer ist, lebt es hauptsächlich am Boden und legt dort auch seine Nester in Erdhöhlen an.

DER BERGLEMMING

Klein, walzenförmig, wasserfester Pelz – der Berglemming ist perfekt an seinen Lebensraum angepasst. Im Sommer legt er Gänge unter der Erde an, die im Winter auch durch die zusätzliche Schneeschicht gegen die eisige Kälte geschützt sind.

DER WOLF

Die Tundra und Taiga sind die letzten Gebiete, in denen es noch viele Wolfsrudel gibt. Gemeinsam als Rudel können Wölfe Beutetiere wie Hirsche oder sogar Elche jagen, die deutlich größer und schwerer sind als sie selbst. Die Rudel sind Familienverbände, in denen die Eltern die Leittiere sind.

DER MOORFROSCH

Ein himmelblauer Frosch im Moor? Du hast richtig gesehen, den gibt es wirklich. Allerdings nur zur Paarungszeit. Dann färbt sich das Männchen blau, um Weibchen anzulocken. Außerhalb der Paarungszeit lebt das Tier an Land und seine Farbe ähnelt der unseres Grasfroschs.

DIE BAIKALROBBE

Wie die Robbe zum Baikalsee gefunden hat, ist ein großes Rätsel. Sie ist die einzige Robbenart, die nur im Süßwasser lebt, dort jagt und ihre Jungen aufzieht.

DER SIBIRISCHE TIGER

Der äußerst seltene Sibirische Tiger ist die größte Raubkatze der Erde. Er lebt in den Taigawäldern im Osten Russlands. Gegen die extreme Kälte hat er einen dicken Pelz. Liegt viel Schnee, legt er sich Trampelpfade an, auf denen er sein Revier durchstreift. Da auch die Menschen seine Beutetiere wie Elch, Hirsch und Wildschwein jagen und seinen Lebensraum immer mehr zerstören, ist er stark gefährdet.

TIERE DER STEPPE

DIE MONGOLISCHE RENNMAUS

Kommt dir die Mongolische Rennmaus bekannt vor? Bei uns wird sie im Zoogeschäft als Wüstenrennmaus verkauft. In ihrer natürlichen Umgebung gilt sie als Getreideschädling, weil sie auch Samen und grüne Pflanzenteile frisst.

DAS PRZEWALSKI-PFERD

Das Przewalski-Pferd ist das einzige noch lebende Wildpferd der Erde. Es hat in zoologischen Gärten überlebt und konnte zum Beispiel in den Steppen der Mongolei wieder ausgewildert werden. Den seltsamen Namen hat es von seinem Entdecker Nikolai Michailowitsch Przewalski.

DIE SAIGA-ANTILOPE

Die rüsselartige Nase ist das Kennzeichen dieser Antilope. Vielleicht schützt die Schnauze vor Steppenstaub und hält die Nase innen feucht oder hilft, im Sommer das Blut zu kühlen.

Auf den schwimmenden Märkten Thailands verkaufen Händler Ware in kleinen Booten. In einer Garküche an Bord wird Essen frisch zubereitet.

Ein Tsunami ist eine riesige Welle, die von einem Erdbeben oder einem Vulkanausbruch im Meer ausgelöst wird und an Land schlimme Schäden anrichtet. 2018 gab es in Indonesien gleich zwei schwere Tsunamis. Der zweite wurde durch den Ausbruch des Vulkans Anak Krakatau ausgelöst.

Der Buddhismus ist eine der fünf großen Weltreligionen. Die meisten Menschen in Südostasien sind Buddhisten. Sie glauben an die Wiedergeburt, also daran, dass ein Mensch nach seinem Tod in ein neues Leben hineingeboren wird.

Kautschuk ist so etwas wie natürlicher Gummi. Er wird vor allem im Süden Thailands aus dem Milchsaft der Kautschukbäume gewonnen. Die Baumrinde wird angeritzt und der austretende Milchsaft mit einem Behälter aufgefangen.

In vielen asiatischen Ländern ist die Landwirtschaft der wichtigste Wirtschaftszweig. In Vietnam werden unter anderem Kaffee, Reis, Cashewnüsse, Obst und Gemüse sowie zahlreiche Kräuter angebaut.

Ein beliebtes Touristenziel in Kambodscha ist der Park Angkor mit jahrtausendealten Tempeln und Ruinen. Die Tempel sind aus mächtigen Steinblöcken erbaut, die auf Wasserkanälen transportiert wurden.

Zwischen den vielen philippinischen Inseln gibt es zahlreiche Fährverbindungen. Oft fahren kleinere Auslegerboote, die »Bangkas«. Sie sind sehr leicht und werden durch einen großen Schwimmkörper stabilisiert.

Auf der indonesischen Insel Sulawesi lebt die Volksgruppe der Toraja. Die Toraja bauen ganz besondere Häuser, die »Tongkonans«. Sie stehen in Nord-Süd-Richtung auf Holzpfählen und haben ein großes Dach aus Bambus.

Singapur hat den drittgrößten Hafen der Welt. Wegen der vorteilhaften Lage an der engen Stelle zwischen dem Indischen Ozean und dem Südchinesischen Meer ist die Stadt ein bedeutendes Handelszentrum.

In Indonesien, Malaysia und Thailand helfen manchmal dressierte Affen bei der Ernte von Kokosnüssen. Das ist sehr praktisch, da die Früchte sehr hoch hängen und die Affen gut klettern können.

Auf der philippinischen Insel ***Bohol*** gibt es an Land wie auch unter Wasser viel zu entdecken: die Hügellandschaft namens ***Chocolate Hills***, bezaubernde Strände und eine bunte Unterwasserwelt!

BRUNEI
- Bandar Seri Begawan
- 5270 km²
- ca. 478 100
- Malaiisch

INDONESIEN
- Jakarta
- 1,8 Mio. km²
- ca. 277,3 Mio.
- Indonesisch

KAMBODSCHA
- Phnom Penh
- 176 520 km²
- ca. 16,7 Mio.
- Khmer

LAOS
- Vientiane
- 230 800 km²
- ca. 7,8 Mio.
- Lao

MALAYSIA
- Kuala Lumpur
- 328 550 km²
- ca. 33,9 Mio.
- Malaiisch

OSTTIMOR
- Dili
- 14 870 km²
- ca. 1,5 Mio.
- Tetum, Portugiesisch

PHILIPPINEN
- Manila
- 298 170 km²
- ca. 114,6 Mio.
- Filipino, Englisch

SINGAPUR
- Singapur
- 700 km²
- ca. 5,9 Mio.
- Malaiisch, Tamil, Chinesisch, Englisch

THAILAND
- Bangkok
- 510 890 km²
- ca. 69,6 Mio.
- Thai

VIETNAM
- Hanoi
- 310 070 km²
- ca. 103 Mio.
- Vietnamesisch

TIERE IN VORDERASIEN

DER SMARAGDSPINT

Wenn du den Smaragdspint siehst, denkst du wegen seiner schwarzen Augenbinde vielleicht an einen kleinen Bankräuber. Er ist ein rasanter und anmutiger Flieger, der vor allem Bienen und Wespen jagt.

DAS JEMENCHAMÄLEON

Wenn ein männliches Jemenchamäleon sein Revier verteidigen will, zeigt es ein auffälliges Imponiergehabe. Seine Haut bekommt eine grelle Drohfärbung, es bläht seinen Kehlsack auf, schwankt bedrohlich hin und her und zischt mit weit aufgerissenem Maul.

DER LEOPARDGECKO

Mit den Krallen an seinen Zehen kann der Leopardgecko geschickt klettern. Er lebt in den trocken Steppen und Halbwüsten Asiens und verbringt den Tag unter Steinen oder Höhlen.

DER GOLDHAMSTER

Hast du einen Goldhamster? Ursprünglich stammt er aus Syrien. Goldhamster leben in selbst gegrabenen Erdhöhlen, in denen die Weibchen mehrmals im Jahr ihre Jungen zur Welt bringen. In nur sechs Wochen sind die Jungen ausgewachsen und bekommen selbst Kinder.

DAS STACHELSCHWEIN

Dem Stachelschwein solltest du lieber aus dem Weg gehen. Fühlt es sich bedroht, sträubt es seine Stacheln und rasselt mit dem Schwanz. Näherst du dich trotzdem, kehrt es dir sein Hinterteil zu und versucht, sich mit seinen Stacheln zu verteidigen.

DAS KAMEL

Weißt du, warum das Kamel auch »Wüstenschiff« genannt wird? Es bewegt im sogenannten Passgang immer abwechselnd das linke oder das rechte Beinpaar vorwärts. Daher kommt sein schaukelnder Gang.

DER GOLDSCHAKAL

Goldschakale leben vor allem in offenen Grassavannen sowie felsigen Gegenden und nur dort, wo es keine Wölfe gibt. Sie leben in kleineren Familienverbänden, dabei ziehen Rüde und Fähe die Jungtiere gemeinsam groß.

TIERE IN ZENTRAL-ASIEN

DAS TAGPFAUENAUGE

Sicher hast du schon einmal bei uns ein Tagpfauenauge mit seinen auffälligen Augenflecken an den Vorder- und Hinterflügeln bewundert. Die Raupe des Falters ist schwarz und hat kleine weiße Punkte. Diese Schmetterlingsart ist in Europa und in Asien weitverbreitet.

DER KRAUSKOPFPELIKAN

Pelikane jagen oft gemeinsam, indem sie in einer hufeisen- oder kreisförmigen Formation auf der Wasseroberfläche schwimmen. Mit Flügelschlägen treiben sie die Fische ins seichte Wasser. Ihren großen Schnabel, der bis zu 11 Liter Wasser fassen kann, benutzen sie wie eine Schöpfkelle, um die Fische aufzusammeln.

DAS ARGALI

Dieses Riesenwildschaf bewohnt vor allem Hochgebirge und Hochlagen kalter Wüsten. Außerhalb der Paarungszeit leben Männchen und Weibchen in getrennten Herden. Während der Brunftzeit bekämpfen sich die Männchen mit ihren mächtigen Hörnern.

DER KARAKAL

Wie der Luchs hat der Karakal an seinen Ohren lange Pinselhaare. Darum wird er auch Wüstenluchs genannt. Allerdings hat er keinen Stummelschwanz. Seiner Beute lauert er wie eine Katze auf, schleicht sich leise an und fängt sie nach einem kurzen Sprint.

DER GOBIBÄR

Den Gobibär wirst du nur schwer in freier Wildbahn beobachten können, da er zu den seltensten Tierarten unserer Erde gehört. Als einziger Braunbär lebt er nicht im Wald, sondern in der Wüste Gobi. Er ernährt sich vor allem von Wurzeln, Beeren und wildem Rhabarber.

TIERE IN CHINA

DIE MANDARINENTE

Mandarinenten leben an sauberen, von Wald umgebenen Seen und Teichen. Sie nisten in höhergelegenen Baumhöhlen und können mithilfe ihrer Krallen geschickt auf den Ästen der Bäume herumklettern. Ihre Küken werden schnell selbstständig und springen von der Baumhöhle ins Wasser.

DER GOLD-STUMPFNASENAFFE

Schau dir die kleine Stupsnase mit den nach oben geöffneten Nasenlöchern an! Damit ihnen bei Regen nicht ständig Wasser in die Nase läuft, kauern sich die Gold-Stumpfnasenaffen zusammen und nehmen den Kopf zwischen die Knie.

DIE BENGALKATZE

Die Bengalkatze ist so groß wie unsere Hauskatze, hat aber längere Beine. Sie ist auch nicht wasserscheu, sondern ein guter Schwimmer. Vorwiegend ernährt sie sich von Nagetieren und Vögeln.

DER MOSCHUSHIRSCH

Kleiner als europäische Hirsche, Ohren wie beim Hasen und Eckzähne wie ein Vampir: Der seltsam aussehende Moschushirsch lebt in den Gebirgen Asiens. Er ist nachtaktiv und frisst Gräser, Moose, Zweige und Flechten. An seinem After hat er eine Drüse, die in der Brunftzeit ein Moschussekret abgibt.

DER SCHNEELEOPARD

Die weißgraue Fellfärbung mit dunklen Ringen tarnt den Schneeleoparden perfekt in seinem felsigen, verschneiten Lebensraum im Himalaja und in den Hochgebirgen Asiens. Er kann nicht wie andere Großkatzen brüllen, sondern nur heulen und schnurren wie unsere Hauskatze.

DER GROSSE PANDA

Weißt du, dass der Große Panda als Symbol für den internationalen Artenschutz gewählt wurde, da er sehr gefährdet ist? In China werden die Bambuswälder immer kleiner und die Waldstücke liegen weit auseinander. Bambus ist aber die Hauptnahrung des Pandas und so droht er zu verhungern oder keine Partner mehr zu finden.

DIE SPEIKOBRA

Eine Speikobra sollte man nicht reizen. Fühlt sie sich bedroht, faucht sie wie eine Katze und spreizt ihr Nackenschild. Sie kann ihr Gift mehrere Meter weit spritzen und zielt dabei vor allem auf das Gesicht. Beißt sie zu, wirkt ihr Gift sehr schnell tödlich.

TIERE IN JAPAN

DER RIESENSALAMANDER

Der nur in Japan vorkommende Riesensalamander kann bis zu 1,5 m lang und 30 kg schwer werden. Er lebt am Grund von Flüssen und ernährt sich von Fischen, Insekten und Amphibien, die er durch Unterdruck in sein Maul schlürft.

DER MANDSCHURENKRANICH

In Japan ist der Kranich ein Symbol des Glücks, in China ein Symbol der Weisheit und des Alters. Die Mandschurenkraniche sind mit 1,5 m die größten Kraniche und suchen sich als Lebensraum Feuchtgebiete wie Sümpfe, Feuchtwiesen und Moore.

DER BUNTFASAN

Bei den Buntfasanen kannst du sehr gut den Unterschied zwischen den Geschlechtern erkennen. Das Federkleid der Männchen ist sehr bunt. Die viel kleineren Weibchen haben unauffällig braun-schwarz gesprenkelte Federn.

DER SCHNEEAFFE

Affen im Whirlpool? Richtig, die Schneeaffen oder Rotgesichtsmakaken in den Bergen Japans sind die einzige Affenart, die es schafft, auch in kalten Regionen zu überleben. Um sich aufzuwärmen, halten sie sich im Winter stundenlang in heißen Quellen auf.

DER KRAGENBÄR

Den Kragenbär kannst du an seiner v-förmigen weißen Fellfärbung auf der Brust und an den längeren Haaren am Hals erkennen. Der Bär ist ein Allesfresser und ein guter Kletterer. Da seine Gallenflüssigkeit in der traditionellen chinesischen Medizin als Heilmittel gilt, wird er immer noch gejagt.

DIE SIEBEN WELTWUNDER

Wie konnten die Ägypter vor über 4500 Jahren eine 140 m hohe Pyramide aus tonnenschweren Steinen bauen? Manche Bauwerke, Statuen oder Städte sind so beeindruckend und gigantisch, dass wir sie als »Weltwunder« bezeichnen.

WIE WIRD EIN BAUWERK ZUM WELTWUNDER?

Vor etwa 2200 Jahren verfasste Antipatros von Sidon einen Reiseführer mit den imposantesten Bauwerken seiner Zeit, den »sieben Weltwundern der Antike«. Von diesen Weltwundern existieren heute nur noch die Pyramiden von Gizeh. Im Jahr 2006 konnte weltweit jeder online oder per Telefon über die »sieben neuen Weltwunder« abstimmen. Zur Wahl standen Bauwerke aus aller Welt – sogar das Schloss Neuschwanstein in Bayern!

DIE SIEBEN WELTWUNDER DER ANTIKE

Die sieben wundervollen Bauten der Antike waren technische Meisterleistungen – egal, ob es gewaltige Steinpyramiden waren oder gigantische Gärten mit raffinierten Bewässerungssystemen. Aber warum gerade sieben? Als Summe der Lebenszahlen Drei und Vier galt die Zahl Sieben als vollkommen. Da es mehr als sieben bedeutende Bauwerke gab, entstand zeitweise ein ganzer Katalog voller Weltwunder! Doch letztlich setzten sich die von Antipatros beschriebenen Weltwunder durch:

1. ***Die Hängenden Gärten von Babylon***
2. ***Der Koloss von Rhodos***
3. ***Das Mausoleum von Halikarnassos***
4. ***Der Leuchtturm Pharos vor Alexandria***
5. ***Die Pyramiden von Gizeh***
6. ***Der Tempel der Artemis in Ephesos***
7. ***Die Zeus-Statue des Phidias von Olympia***

NEU!

Cristo Redentor in Brasilien

NEU!

Felsenstadt Petra in Jordanien

ALT!

Pyramiden von Gizeh in Ägypten

PFLANZEN DER TAIGA

DIE SIBIRISCHE LÄRCHE

Diese Lärche ist in Sibirien und der Mongolei heimisch und für die Holzindustrie ein wichtiger Waldbaum. Ihre oberen Äste sind wie ein Armleuchter ausgebreitet. Rentiere knabbern im Frühjahr gerne an den frischen Nadeln.

DIE PREISELBEERE UND DIE HEIDELBEERE

Heidelbeeren und Preiselbeeren wachsen häufig im Wald dicht nebeneinander. In der Taiga werden die Früchte gerne von Vögeln, Füchsen, aber auch Bären gefressen.

DAS WIDERTONMOOS

In den dunklen Taiga-Wäldern wachsen viele verschiedene Moose, eines ist das Widertonmoos. Dieses Moos ist relativ kräftig und bildet lockere, hohe Rasen.

DER GEMEINE FLACHBÄRLAPP

Neben den Moosen kann man auch verschiedene Bärlappgewächse wie den Gemeinen Flachbärlapp entdecken.

DER SIEBENSTERN

Wo Moos wächst und wenig Licht auf den Waldboden gelangt, findet man im untersten Stockwerk eines Nadelwaldes (wo z. B. Gräser wachsen), den zerbrechlich wirkenden Siebenstern.

DIE SIBIRISCHE TANNE

In der russischen Taiga gibt es extreme Winter. Die Temperaturen betragen manchmal für längere Zeit –50 °C. Aber das macht der Sibirischen Tanne nichts aus, da sie kühle und feuchte Standorte verträgt.

PFLANZEN DER TUNDRA

DIE RAUSCHBEERE

Die Rauschbeere ist typisch für die Tundra. Von der Heidelbeere kannst du sie gut unterscheiden, denn ihr Fruchtfleisch ist hell. Zu viele Beeren sollte man allerdings nicht essen, da sie Inhaltsstoffe haben, die Schwindel und Erbrechen verursachen können.

DIE ECHTE RENTIERFLECHTE

Die Echte Rentierflechte ist im Winter eine wichtige Nahrung für Rentiere. Eingefärbt und konserviert kannst du die Flechte auch für den Modellbau benutzen.

DIE ZWERGBIRKE

Klein bleiben und sich im Winter vor strengem Frost und eisigem Wind unter die Schneedecke ducken – diese Strategie hat sich in der Tundra auch für die Bäume bewährt. Die Zwergbirke wird selten höher als 50 cm und wächst eher buschig am Boden entlang.

PFLANZEN DER STEPPE

DER SAXAUL

In der Mongolei und anderen Steppen Asiens wächst der Saxaul-Strauch oft in größeren Beständen und bildet regelrechte kleine Wälder. Seine winzigen Blättchen schützen ihn vor zu viel Verdunstung. Die schwammige Rinde kann Wasser speichern.

DIE WILDTULPE

Das erwartet keiner! Mitten in den kargen Steppen Zentralasiens wachsen tausende wilder Tulpen. In ihren Zwiebeln speichert die Pflanze alle Energie, um im Frühjahr schnell austreiben zu können.

TIERE IN INDIEN

DER ASIATISCHE ELEFANT

Schau genau hin, es gibt drei leicht erkennbare Merkmale, an denen du den Asiatischen gut vom Afrikanischen Elefanten (Seite 95) unterscheiden kannst: Seine Rüsselspitze ist einfingrig, die Ohren sind kleiner und die Stirn ist von vorne betrachtet eingesenkt.

DAS PANZERNASHORN

Von ihren afrikanischen Verwandten kannst du Panzernashörner gut unterscheiden, denn sie haben nur ein Horn auf der Nase. Mehr als die Hälfte des Tages nehmen sie ausgiebige Schlammbäder, um die Temperatur ihres Körpers zu regulieren und Parasiten loszuwerden.

DER BLAUE PFAU

Bei uns stolziert der Blaue Pfau durch Schlossgärten und Vogelparks, aber seine ursprüngliche Heimat ist der indische Dschungel. Nur der Pfauenhahn ist so prächtig blau gefärbt und hat über 1 m lange Schwanzfedern, die er zu einem Rad aufstellen kann.

DER ROTE PANDA

Der Rote Panda ist mit dem Großen Panda gar nicht verwandt, sondern gehört zu den Katzenbären. Er bewohnt die Bergwälder Asiens und ernährt sich von Bambusblättern, Wurzeln, Früchten, kleinen Nagetieren und Insekten. Zum Trinken taucht er die Pfote ins Wasser und leckt sie anschließend ab.

DER BENGALTIGER

Der seltene Bengal- oder Königstiger ist das Wahrzeichen Indiens. Er kommt vor allem in den großen Mangrovenwäldern Indiens und Bangladeschs vor, da er dichte Vegetation und die Nähe von Wasser bevorzugt. Er ist etwas kleiner als der Sibirische Tiger und sein Fell ist etwas anders gefärbt.

TIERE IN SÜDOSTASIEN

DER ORANG-UTAN

Orang-Utans leben nur im Dschungel auf den Inseln Kalimantan und Sumatra. Sie sind die einzigen noch lebenden Menschenaffen Asiens. Ihr zotteliges Fell schützt sie zwar vor Regen, aber wenn es richtig schüttet, halten sie sich auch mal ein großes Blatt wie einen Regenschirm über den Kopf. Orang-Utans sind stark vom Aussterben bedroht.

DER KOMODOWARAN

Der Komodowaran ist ein richtiger »Familiendrache«, denn die Jungen müssen sich beim Verlassen des Nests schnell auf Bäumen in Sicherheit bringen, damit sie nicht von den eigenen Eltern gefressen werden. Die Echsen sind mit 3 m Länge die größte lebende Echsenart unserer Zeit.

DER SCHABRACKENTAPIR

Ähnlich wie bei einem Elefanten der Rüssel sind Nase und Oberlippe bei einem Tapir zu einer elastischen Schnauze zusammengewachsen. Du wirst es nicht glauben, aber sein Geruchssinn ist so fein, dass er giftige von ungiftigen Pflanzen unterscheiden kann. Im Wasser nutzen Tapire ihren Rüssel wie einen Schnorchel.

DER DOPPELHORNVOGEL

Den Doppelhornvogel (aus der Familie der Nashornvögel) wirst du nicht singen, sondern eher brummen hören. Als Resonanzkörper dient sein auffallender gelber Schnabel. Der ist zwar mächtig, aber nicht sehr schwer, da er aus lockerem, leichten Knochengebälk besteht.

DIE RADNETZSPINNE

Die Radnetzspinne gehört zu den größten Seidenspinnen. Die Seidenfäden ihrer großen Netze sind so extrem reißfest, dass Fischer sie sogar zum Fischfang nutzen, indem sie Bambusrohre als Netzrahmen aufstellen.

DER NASENAFFE

Weibliche Nasenaffen haben relativ kleine Stupsnasen. Den Männchen hingegen wächst mit der Zeit eine auffällige »Gurke« im Gesicht. Nasenaffen können ausgezeichnet schwimmen und tauchen, da sie Schwimmhäute zwischen den Zehen haben.

CHICHÉN ITZÁ

Zentrum der Maya-Kultur auf Mexikos Halbinsel Yucatán

In der Maya-Hochburg Chichén Itzá wurden Menschenopfer erbracht, um die Götter gnädig zu stimmen. Die Pyramide des Kukulcán erstrahlte früher in leuchtenden Farben. An ihren vier Seiten führen Stufen hinauf – insgesamt 365. Eine Stufe für jeden Tag im Jahr!

MACHU PICCHU

Ruinen der Inka-Stadt in den Anden in Peru

Zur Blütezeit des Inka-Reichs im 15. Jahrhundert wurde die Stadt Machu Picchu (»Alter Gipfel«) in ca. 2400 m Höhe erbaut. Dort oben lebten über 1000 Menschen. Es gab prächtige Paläste, Wohnhäuser, Terrassen für Kartoffel- und Maisanbau und ein geniales Bewässerungssystem.

CRISTO REDENTOR

Mächtige Christus-Statue in Rio de Janeiro (Brasilien)

Mit weit ausgebreiteten Armen begrüßt »Christus, der Erlöser« die Besucher von Rio de Janeiro. Die 30 m hohe Statue ist ein technisches Meisterwerk aus über 1000 Tonnen Stahlbeton. Sie steht auf einem 8 m hohen Sockel auf dem Corcovado-Berg und überragt die Stadt.

KOLOSSEUM

Technisch raffiniertes Theater in Rom (Italien)

Dieses Weltwunder wurde zur Unterhaltung des Volks gebaut. Im alten Rom fanden hier 400 Jahre lang Spiele auf Leben und Tod statt: Gladiatorenkämpfe und Tierhetzen. Das ausgefeilte Bauwerk wurde später Vorbild für andere Stadien, etwa die Arena des FC Bayern München!

PETRA

Antike Felsenstadt im Hochland der Wüste Jordaniens

Verborgen zwischen den Steilwänden eines ausgetrockneten Flussbetts in Jordanien liegt die verlassene Felsenstadt Petra. In der Antike ließ das Nomadenvolk der Nabatäer die Stadt mit ihren prächtigen Totenpalästen von den besten Steinmetzen in den Berg meißeln.

CHINESISCHE MAUER

Gigantisches Bollwerk gegen räuberische Eindringlinge

Mit einer Länge von vielen tausend Kilometern ist die Chinesische Mauer das größte Bauwerk der Welt und eine der unglaublichsten Leistungen der Menschheit. Ihr Bau begann vor über 2000 Jahren, um Feinde abzuwehren. Errichtet ist sie aus Stein, Lehm und Holz.

TADSCH MAHAL

Das schönste Bauwerk der Welt in Agra (Indien)

Ein Bauwerk für die große Liebe! Im 17. Jahrhundert lebte der Herrscher Shah Jahan. Wie damals üblich hatte er mehrere Frauen, aber eine war seine Lieblingsfrau. Als diese bei der Geburt ihres 14. Kinds starb, ließ Shah Jahan das schönste Bauwerk der Welt als Grab für sie bauen.

AUSTRALIEN & OZEANIEN

Da sich Australien auf der anderen Seite der Erdhalbkugel befindet, kannst du dort Weihnachten bei warmen Temperaturen am Strand feiern! Denn wenn bei uns Winter ist, haben die Australier Sommer – die Jahreszeiten auf der Südhalbkugel sind entgegengesetzt. Um Australien herum liegen die größeren Inseln Neuguinea, Tasmanien und Neuseeland. Im Südpazifik gibt es noch viele weitere kleine, teilweise winzige Inseln. Diese Inselwelt nennt man Ozeanien. Australien und Ozeanien werden oft zu einem Kontinent zusammengefasst. Gemeinsam erstrecken sie sich über den ganzen Südpazifik, der auch Südsee genannt wird.

EINZIGARTIGE NATUR

Australien ist der kleinste aller Kontinente. Umgeben ist Australien vom Indischen und Pazifischen Ozean. Vor der Pazifikküste liegt das Große Barriereriff, das größte Korallenriff der Erde! In den nördlichen Gebieten Australiens gibt es Regenwälder und Mangrovensümpfe, im Landesinneren Wüsten und Gebirge, Savannen und Buschland. Noch etwas ist besonders an Australien: Da die Insel so weit entfernt von anderen Erdteilen liegt, kannst du dort jede Menge Tierarten sehen, die nirgendwo sonst auf unserem Planeten vorkommen.

HEIMAT DER ABORIGINES

Die indigene Bevölkerungsgruppe von Australien sind die Aborigines. Seit Jahrtausenden leben sie im Einklang mit der Natur. Sie glauben, dass Menschen, Pflanzen, Steine und alle Tiere mit ihren Vorfahren verbunden sind. Unter den Aborigines gibt es mehrere Stämme und Clans, die unterschiedliche Traditionen pflegen und auch verschiedene Sprachen sprechen. Da die Siedler ihnen leider viel Land weggenommen haben, geht es einem großen Teil der Aborigines heute nicht so gut. Viele von ihnen sind arm und haben keine Arbeit.

WEITLÄUFIGE INSELWELT IM PAZIFIK

Ozeanien besteht aus tausenden von Inseln, die sich östlich und nördlich von Australien befinden. Die Inselwelt erstreckt sich über ein riesiges Meeresgebiet: Es beginnt östlich der Philippinen und reicht im Osten bis zur Osterinsel. Die Osterinsel liegt völlig abgeschieden mitten im Südostpazifik, über 3500 km von Chile (Südamerika) entfernt. Von Nord nach Süd reicht Ozeanien von den Aleuten – einer sehr gebirgigen Inselkette im nordpazifischen Beringmeer bei Alaska – bis zum südlichen Polarkreis.

VULKANINSELN UND ATOLLE

Die größeren ozeanischen Inseln sind oft vulkanischen Ursprungs. Diese Vulkaninseln haben lange Sandstrände und hohe Berge. Andere Inseln bestehen aus Kalkablagerungen von Korallen. Die Atolle sind ringförmige Koralleninseln. In ihrer Mitte schließen sie ein Gewässer ein – eine Lagune. Koralleninseln bieten für viele verschiedene Fischarten einen Lebensraum, zum Beispiel für Clownfische oder Kugelfische.
Die Vegetation auf den ozeanischen Inseln ist meist üppig und grün. In dem tropisch-heißen Klima wachsen vor allem Kokosnüsse, Süßkartoffeln und andere exotische Früchte.

Um auch sehr abgelegene Gebiete in Australien versorgen zu können, werden Waren von sogenannten Road Trains transportiert. Das sind rund 50 m lange Lkws, die bis zu 130 Tonnen Gewicht geladen haben.

Uluru, »schattiger Platz«, nennen die Aborigines den Ayers Rock mitten in Australien. Der riesige rötliche Fels ist für die indigene Bevölkerungsgruppe ein heiliger Ort.

Für Surf-Fans ist Australien das reinste Paradies! Der Kontinent hat viele tausend Strände und fast überall ist Wellenreiten möglich. Besonders hohe Wellen gibt es im Südwesten.

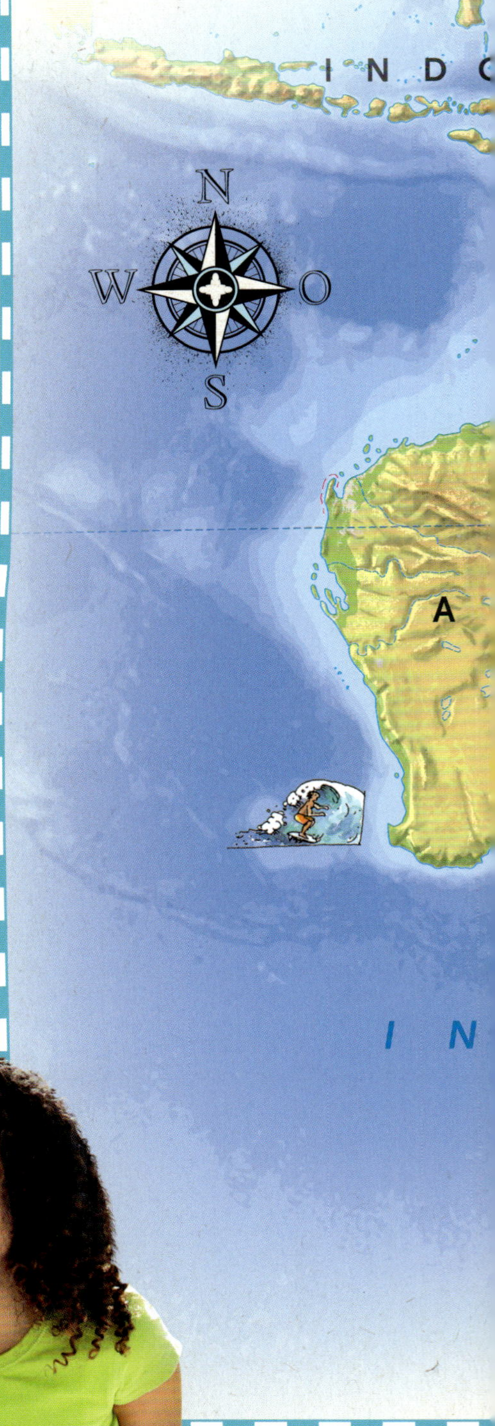

Kennst du das Wahrzeichen der australischen Stadt Sydney? Es ist das Opernhaus, das aussieht wie eine riesige Muschel oder wie ein Segelschiff. Das Dach der Oper besteht aus Millionen weißer Fliesen.

NEUSEELAND & AUSTRALIEN

Australien ist ein Kontinent und auch ein Land. Es umfasst das australische Festland, die Insel Tasmanien sowie jede Menge kleinerer Inseln. Da Australien auf dem Globus ganz unten liegt, sagen wir dazu auch »Down Under«. Neuseeland liegt südöstlich von Australien. Es ist damit das am weitesten von Deutschland entfernte Land. Neuseeland besteht aus der Nord- und der Südinsel und aus vielen kleineren Inseln.

DÜNN BESIEDELT

Australien ist etwa 22-mal so groß wie Deutschland. Trotzdem leben dort nur 26,1 Millionen Menschen. Weißt du, wie viele Einwohner Deutschland hat? Die meisten Australier wohnen in großen Städten an den Küsten. Denn hier sind die Sommer nicht zu heiß und die Winter relativ mild. Das Landesinnere, das Outback, ist dagegen dünn besiedelt. In den ausgedehnten Wüsten- und Buschlandschaften ist es nämlich im Sommer sehr heiß und trocken, oft kommt es zu verheerenden Buschbränden. Im Outback gibt es viele Bodenschätze, dort werden unter anderem die Mineralien Kupfer und Gold abgebaut. Außerdem liegen hier riesige Schaf- und Rinderfarmen.

KOALA, KÄNGURU UND SCHNABELTIER

In den Regenwäldern im Norden Australiens leben zum Beispiel Giftschlangen und gefährliche Spinnen. Da Australien weit entfernt von allen anderen Kontinenten liegt, konnte sich eine einzigartige Tier- und Pflanzenwelt entwickeln. Manche Arten kommen nur hier vor. Die bekanntesten Tiere sind wohl das Känguru, der Koala und das Schnabeltier. Der Koala ist auch das Wappentier Australiens.

IM LAND DER KIWIS

Die Nordinsel Neuseelands ist etwas kleiner als die Südinsel, wird aber von weitaus mehr Menschen bewohnt. Und das, obwohl es unter der Nordinsel gewaltig rumpelt! Sichtbare Zeichen dafür sind viele kleine Erdbeben, Geysire und brodelnde Schlammlöcher. Im Inneren der Nordinsel befinden sich außerdem mehrere aktive Vulkane. Die Südinsel ist hügelig, mit wilden Schluchten und tief eingeschnittenen Fjorden. Das Klima dort ist meist mild und feucht, da Neuseeland in den gemäßigten Breiten der Südhalbkugel liegt. Das Wappentier Neuseelands ist ein flugunfähiger Vogel, der Kiwi.

Mit dem Indian-Pacific-Fernzug kannst du in 3 Tagen und 3 Nächten einmal quer durch ganz Australien fahren – und zwar von Sydney an der Ostküste bis nach Perth an der Südwestküste. Das sind 4352 km.

Australien besitzt eine der größten Goldadern der Welt. Das Bergwerk in der Nähe von Kalgoorlie-Boulder heißt Super-Pit-Goldmine. Um an das Gestein mit dem Gold zu kommen, wurde ein riesiges Erdloch gegraben – etwa so groß wie der Uluru!

G'day! Ich heiße Alinta, bin 9 Jahre alt und wohne in der Nähe von Alice Springs, mitten in Australien. Hinter unserem Haus wachsen viele Affenbrotbäume und manchmal springt ein Känguru vorbei. Neulich habe ich eine gegrillte Witchetty-Made probiert, die unsere Vorfahren oft gegessen haben. Sie schmeckt nach Nüssen! Lieber mag ich aber Pavlova. Das ist eine süße Torte mit viel Sahne und Früchten. Sie ist das Nationalgericht von Australien.

DEINE ALINTA

UNBEKANNTES SÜDLAND

Da Australien weit entfernt von den anderen Kontinenten liegt, blieb es lange Zeit unentdeckt. Doch bereits die alten Griechen waren sich sicher, dass es auch auf der Südhalbkugel einen Erdteil geben muss, und nannten ihn »Terra australis incognita«, was »unbekanntes südliches Land« bedeutet. Anfang des 17. Jahrhunderts segelten die ersten Europäer los und machten sich auf die Suche nach diesem rätselhaften Südland. Sie erhofften sich gewinnbringende Geschäfte, kostbare Handelsgüter oder Rohstoffe.

DAS INDIGENE VOLK DER ABORIGINES

Vor 40 000 und 60 000 Jahren haben die ersten Menschen den Erdteil besiedelt, aus dem später Australien, Neuguinea und Tasmanien hervorgingen. Das war möglich, weil der Meeresspiegel noch tiefer war und der Weg durch das Meer zwischen den Inseln weniger weit. Die Nachkommen dieser ersten Einwanderer, die Aborigines, leben heute noch in Australien.

MIT DEM KANU UNTERWEGS

Die pazifischen Inseln wurden vor etwa 7000 Jahren von Seefahrern aus Südostasien besiedelt. Mit Kanus, die Ausleger und besondere Segel hatten, legten sie unglaubliche Entfernungen zurück. Sie hatten keinerlei Messgeräte und nutzten zur Navigation die Sterne. Kleine Inseln konnten sie schon von Weitem an der Form der Wellen, der Farbe des Wassers oder des Himmels erkennen.

ANKUNFT DER EUROPÄER UND JAMES COOK

Anfang des 17. Jahrhunderts erforschten vor allem spanische und holländische Seefahrer die Inselwelt des Pazifiks sowie Teile Australiens. Dennoch gilt der britische Kapitän James Cook als Entdecker Australiens. Mit seinem Schiff, der »Endeavour«, erreichte er 1770 die australische Ostküste und nahm sie für Großbritannien in Besitz. Später kamen europäische Farmer und Bergleute nach Australien. Die Europäer vertrieben die Aborigines von ihrem Land und töteten die meisten von ihnen.

Weil in Großbritannien die Gefängnisse überfüllt sind, sticht im Frühjahr 1787 eine aus 11 Schiffen bestehende Flotte in See. Ein Gefangenentransport, der die Gefangenen in die britischen Kolonien bringt. An Bord sind 725 Sträflinge, nach Geschlecht auf die Schiffe verteilt, außerdem 212 Soldaten, Offiziere und deren Familien, Ärzte, ein Astronom und ein Geiger – die ersten europäischen Siedler Australiens.

James Cook erforschte nicht nur die Ostküste Australiens, sondern auch ***Neuseeland*** und viele ***Südseeinseln***.

Obwohl die ***Endeavour*** von ***James Cook*** einen besonders flachen Rumpf hatte, lief sie auf das ***Große Barriereriff*** auf und wäre fast auseinandergebrochen. Cook erforschte das Korallenriff und beobachtete an Land seltsame »Riesenhasen« und unbekannte Pflanzenarten.

Kennst du die tiefste Stelle der Erde? Im Meer vor den Marianeninseln liegt der Marianengraben. Die Tiefseerinne ist bis zu 11 034 m tief. Der höchste Berg der Welt würde locker darin versinken! Weißt du, welcher das ist?

Nicht überall auf der Welt ist dieselbe Tageszeit. Je weiter du nach Osten fliegst, desto später ist es. Noch weiter ostwärts – mitten durch Ozeanien – verläuft die Datumsgrenze. Da wird das Datum um einen Tag zurückgestellt!

Die traditionellen Häuser auf den Fidschi-Inseln heißen Bure. Sie sind aus Naturmaterialien gebaut und haben ein Dach aus Stroh. Manche stehen auf Stelzen direkt am Meer.

Ozeanien ist ein Paradies für Taucher und Schnorchler. Über 1500 verschiedene Fisch- und ungefähr 700 unterschiedliche Korallenarten gibt es hier.

Vor der Insel Yap (gehören zu Mikronesien) liegt ein beliebtes Tauchgebiet, in dem man mit Mantarochen tauchen kann. Das sind riesige Rochen mit einer Spannweite von bis zu 6,5 m. Für Taucher sind sie ungefährlich, da sie nur Plankton fressen.

Vor allem auf der Nordinsel Neuseelands gibt es viele Geysire. Diese heißen Quellen stoßen regelmäßig 20 bis 30 m hohe, heiße Wasserfontänen aus.

Da Neuseeland zum Pazifischen Feuerring gehört, gibt es dort viele Erdbeben und aktive Vulkane. Willst du mehr über den Pazifischen Feuerring erfahren, dann schau auf S. 111 nach.

Die aus England stammenden Sportarten Cricket und Rugby sind in Australien und Neuseeland sehr beliebt. Warum? Sie stammen noch aus der Zeit, als die Länder britische Kolonien waren – also von den Briten besetzte Gebiete.

Da Australien und Neuseeland früher zum britischen Königreich gehörten, spricht man dort auch Englisch und fährt auf der linken Seite.

14 STAATEN

S. 52–53 NEUSEELAND & AUSTRALIEN

S. 54–55 DIE PAZIFISCHEN INSELN:

Fidschi, Kiribati, Marshallinseln, Föderierte Staaten von Mikronesien, Nauru, Palau, Papua-Neuguinea, Salomonen, Samoa, Tonga, Tuvalu, Vanuatu

ca. 8,6 Mio. km^2

ca. 44 Mio.

Zudem gibt es noch zahlreiche Inseln, die zu anderen Ländern gezählt werden. Dazu gehören:

Amerikanisch-Samoa (USA),
Cookinseln (Neuseeland),
Französisch-Polynesien (Frankreich),
Guam (USA),
Hawaii (USA),
Neukaledonien (Frankreich),
Nördliche Marianen (USA),
Osterinsel (Chile),
Pitcairn-Inseln (Großbritannien),
Tokelau (Neuseeland),
Wallis und Futuna (Frankreich)

KLEINSTES LAND
NAURU
Insel im Pazifik
21,1 km^2

GRÖSSTES LAND
AUSTRALIEN
7,7 Mio. km^2

GRÖSSTES ATOLL
KIRITIMATI
Hauptinsel von Kiribati
388 km^2

LÄNGSTES RIFF
GROSSES BARRIERERIFF
in Australien
2300 km

AM DÜNNSTEN BESIEDELT
AUSTRALIEN
3,1 / km^2

GRÖSSTE STADT
SYDNEY
in Australien
ca. 5,3 Mio.

GRÖSSTER SEE
EYRESEE
Salzsee in Australien; während der Regenzeit:
9500 km^2

TIEFSTER SEE
HAUROKO-SEE
in Neuseeland
463 m

TIEFSTE STELLE
MARIANEN-GRABEN
östlich der Marianen
11 034 m

HÖCHSTER BERG
MOUNT WILHELM
in Papua-Neuguinea
4509 m

Das Große Barriereriff besteht aus tausenden von Korallenriffen, Inseln und Sandbänken. Es ist flächenmäßig fast genauso groß wie Deutschland und bietet einen Lebensraum für unzählige Tier- und Pflanzenarten.

NEUSEELAND
- Wellington
- 263 310 km²
- ca. 5,1 Mio.
- Englisch, Maori

AUSTRALIEN
- Canberra
- 7,7 Mio. km²
- ca. 26,1 Mio.
- Englisch

Ganz im Norden Australiens kannst du den Kakadu-Nationalpark besuchen. Dort gibt es nicht nur schöne Landschaften, seltene Tiere und Pflanzen, sondern auch über 20 000 Jahre alte Felsmalereien der Aborigines.

In und vor Australien leben viele giftige Tiere wie etwa Blaugeringelte Kraken, Seewespen (giftige Quallen), die Sydney-Trichternetzspinne, die Rotrückenspinne und der Inlandtaipan – die giftigste Schlange der Welt!

Das traditionelle Blasinstrument der Aborigines heißt Didgeridoo. Es ist ein langer, von Termiten ausgehöhlter Ast, der beim Hineinblasen dumpfe Töne erzeugt. Man braucht dafür eine spezielle Atemtechnik.

Manche Australier leben sehr abgeschieden im Landesinneren – im Outback. Wenn sie ärztliche Hilfe brauchen, kommen die »Flying Doctors«, die fliegenden Ärzte, per Motorflugzeug.

Wer im australischen Outback unterwegs ist, muss auf Dromedare, Wombats und Kängurus achtgeben!

Maori sind das indigene Volk Neuseelands. Oft sind sie stark tätowiert, auch im Gesicht. Diese alte Tradition haben sie aus ihrer Heimat mitgebracht. Denn ursprünglich kommen die Maori von den pazifischen Inseln.

Im Meer vor der neuseeländischen Stadt Kaikoura kannst du mit Delfinen schwimmen oder Wale beobachten. Häufig sind Pottwale zu sehen, manchmal auch Blauwale, Buckelwale oder Orcas.

In Neuseeland gibt es ungefähr 27 Millionen Schafe. Das sind etwa fünfeinhalbmal mehr Schafe als Einwohner! Sie werden wegen ihrer Wolle und wegen ihres Fleischs gezüchtet.

Lange Zeit kamen die meisten der weltweit verzehrten Kiwis aus Neuseeland. Dort kam die Frucht zu ihrem Namen. Sie wurde nach dem flugunfähigen Kiwi-Vogel benannt. Übrigens nennen sich die Neuseeländer selbst auch Kiwis!

DIE PAZIFISCHEN INSELN

Die pazifischen Inseln liegen zwischen Asien und Amerika weit verstreut im Pazifik. Da die Inseln so weit voneinander entfernt sind, haben die Inselbewohner ganz unterschiedliche Traditionen und sprechen auch verschiedene Sprachen. Man teilt sie in drei Inselgruppen ein: Polynesien, Melanesien und Mikronesien.

INSELWELTEN

Polynesien liegt im Osten von Ozeanien und bedeutet übersetzt »viele Inseln«. Denn zu Polynesien gehören zahlreiche Inselstaaten sowie viele Außengebiete anderer Länder, zum Beispiel Hawaii (USA), die Cookinseln (Neuseeland) oder die Osterinsel (Chile). Westlich von Polynesien befindet sich Melanesien. Fast auf jeder der kleinen Inseln wird eine eigene Sprache gesprochen, die nur einige hundert Menschen verstehen. Die größte Insel Melanesiens ist Neuguinea. Nur der Ostteil von Neuguinea (Papua-Neuguinea) gehört zu Ozeanien. Der Westteil wird zu Asien gezählt. Nördlich von Melanesien, mitten im Westpazifik, liegt Mikronesien (»kleine Inseln«). Dieses Inselgebiet besteht aus vielen winzig kleinen Inseln.

TIER- UND PFLANZENWELT

Auf den westlichen Inseln im Pazifik wachsen dichte Regenwälder. Die kleineren Inseln im Osten sind oft nur niedrige Atolle. Andere pazifische Inseln haben dagegen hohe Berge. Die meisten von ihnen sind vulkanischen Ursprungs: Eines Tages ist die Landmasse aus dem Ozean aufgetaucht. Mit dem Festland waren die Inseln also nie verbunden. Alle Tier- und Pflanzenarten mussten über das Meer dorthin gelangen. Und da das nur wenige Arten geschafft haben, weisen die pazifischen Inseln eine geringe Artenvielfalt auf. Hier leben hauptsächlich Vögel, Insekten und Fledermäuse. Dafür ist die Unterwasserwelt rings um die Inseln umso vielfältiger.

STRÄNDE UND TAUCHGEBIETE

Auf den meisten pazifischen Inseln herrscht tropisch-maritimes Klima. Das traumhafte Wetter sowie endlose weiße Strände, türkisblaues Wasser und spektakuläre Tauchgebiete sind bei vielen Touristen sehr beliebt. Doch leider kommen auch tropische Wirbelstürme und Flutwellen vor, die die Inseln immer wieder bedrohen und große Schäden anrichten.

In vielen Dörfern in Ozeanien gibt es ein Männerhaus aus Holz und Bambus. Es ist ein Treffpunkt nur für die Männer des Dorfs. Vor diesem Haus stehen große Steinscheiben. Was hat es damit auf sich?

Nirgendwo sonst auf der Welt ist Geld so schwer wie auf den Yapinseln! Früher wurden dort bis zu 4 m große Steinscheiben als Zahlungsmittel verwendet. Auch heute noch haben die Steine einen symbolischen Wert.

Auf Papua-Neuguinea lebt das Volk der Asaro Mudmen. Mudmen bedeutet »Schlammmenschen«, Asaro ist ein Fluss. Mit Fluss-Schlamm beschmiert soll einer Legende zufolge das Volk einst Feinde eingeschüchtert haben.

Auf ***Tahiti*** gibt es glasklares Wasser, artenreiche Korallenriffe, Palmenstrände und jede Menge exotische Früchte.

Ia orana! Ich heiße Mana, bin 10 Jahre alt und lebe auf Tahiti mitten im Pazifik. Es kommen viele Touristen her, denn hier gibt es schöne Strände und bunte Korallenriffe. Wir wohnen in einer Strohhütte am Stadtrand. Vor der Hütte haben wir einen Erdofen. Darin kann man ganz einfach Essen zubereiten. Das geht so: Alles wird in große Blätter gewickelt, auf heiße Steine gelegt und mit Blättern und Erde abgedeckt. Am liebsten mag ich Fisch mit Reis und Mango und zum Trinken frischen Saft aus der Noni-Frucht.

DEIN MANA

Auf den Chuukinseln in Mikronesien war während der Weltkriege ein bedeutender Marinestützpunkt. 1944 wurden dort viele Schiffe und Flugzeuge versenkt. Heute kommen Touristen aus der ganzen Welt, um in dem Gebiet zu tauchen.

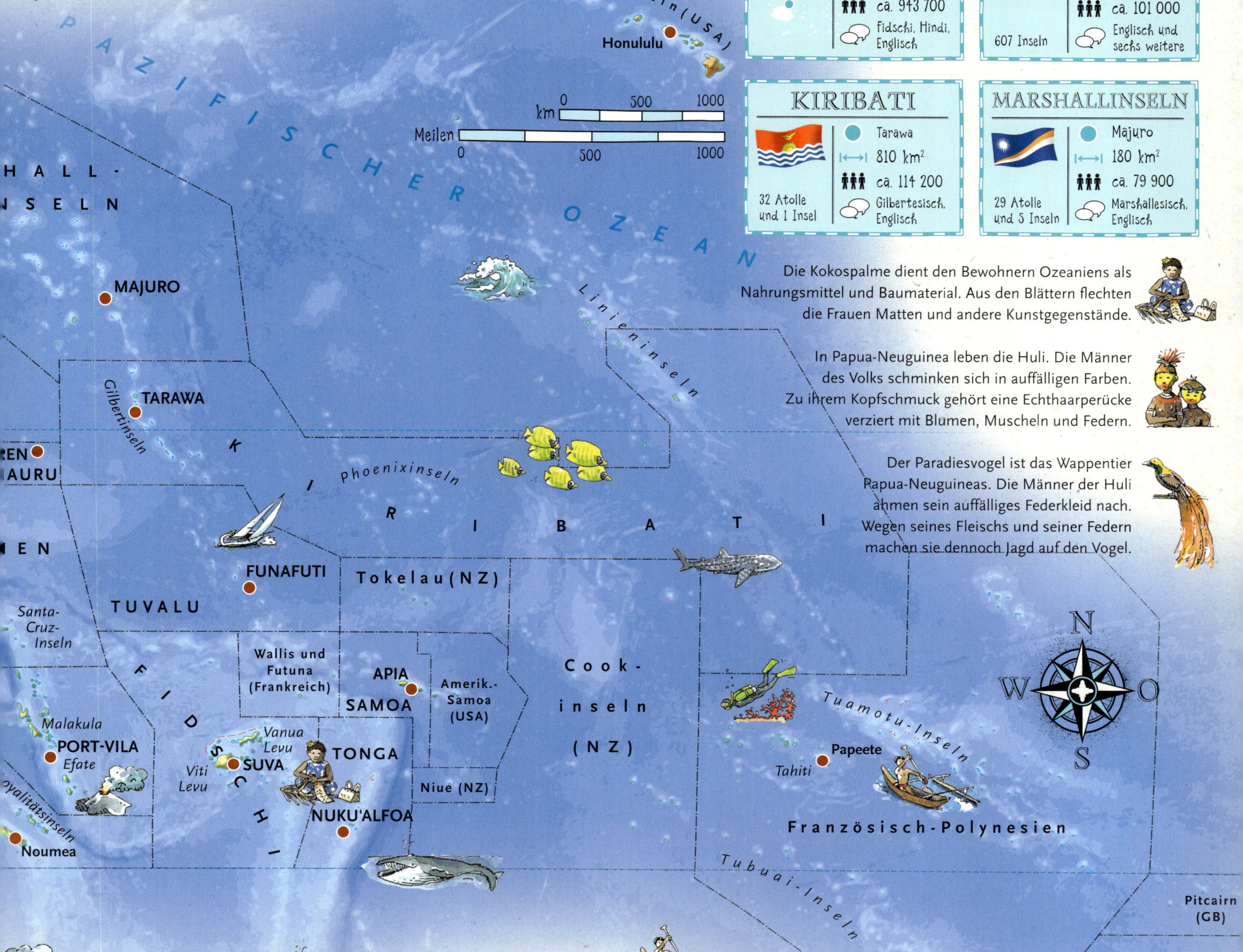

FIDSCHI
- Suva
- 18 270 km²
- ca. 943 700
- Fidschi, Hindi, Englisch

FÖDERIERTE STAATEN VON MIKRONESIEN
607 Inseln
- Palikir
- 700 km²
- ca. 101 000
- Englisch und sechs weitere

KIRIBATI
32 Atolle und 1 Insel
- Tarawa
- 810 km²
- ca. 114 200
- Gilbertesisch, Englisch

MARSHALLINSELN
29 Atolle und 5 Inseln
- Majuro
- 180 km²
- ca. 79 900
- Marshallesisch, Englisch

Die Kokospalme dient den Bewohnern Ozeaniens als Nahrungsmittel und Baumaterial. Aus den Blättern flechten die Frauen Matten und andere Kunstgegenstände.

In Papua-Neuguinea leben die Huli. Die Männer des Volks schminken sich in auffälligen Farben. Zu ihrem Kopfschmuck gehört eine Echthaarperücke verziert mit Blumen, Muscheln und Federn.

Der Paradiesvogel ist das Wappentier Papua-Neuguineas. Die Männer der Huli ahmen sein auffälliges Federkleid nach. Wegen seines Fleischs und seiner Federn machen sie dennoch Jagd auf den Vogel.

Hast du schon einmal einen Vulkan ausbrechen sehen? Auf der Insel Tanna des Inselstaats Vanuatu kannst du beobachten, wie der Vulkan Mount Yasur Asche und Lava speit.

Wer in Tonga mit dem Boot rausfährt, wird mit großer Wahrscheinlichkeit Buckelwale oder Delfine sehen. Besonders mutige Walfans können sogar zusammen mit den riesigen Meeressäugern abtauchen.

Auslegerboote sind das wichtigste Transportmittel im Pazifischen Ozean. Die an der Seite angebrachten Ausleger machen die Boote besonders stabil.

NAURU
1 Atoll
- Yaren
- 20 km²
- ca. 9800
- Nauruisch, Englisch

PAPUA-NEUGUINEA
- Port Moresby
- 452 860 km²
- ca. 9,6 Mio.
- Hiri Motu, Tok Pisin, Englisch

SAMOA
+ 8 Inseln
- Apia
- 2830 km²
- ca. 206 200
- Samoanisch, Englisch

TUVALU
- Funafuti
- 30 km²
- ca. 11 500
- Tuvaluisch, Englisch

PALAU
- Ngerulmud
- 460 km²
- ca. 21 700
- Palauisch, Englisch

SALOMONEN
- Honiara
- 27 990 km²
- ca. 702 700
- Englisch

TONGA
176 Inseln und 2 Riffe
- Nuku'alofa
- 720 km²
- ca. 105 500
- Tongaisch, Englisch

VANUATU
- Port Vila
- 12 190 km²
- ca. 308 000
- Bislama, Engl., Französisch

EINGEFÜHRTE UND VERWILDERTE TIERE IN AUSTRALIEN & OZEANIEN

Immer wieder brachten Siedler Nutz- oder Haustiere wie Katzen, Pferde, Ziegen, Schweine, Kamele oder Wasserbüffel nach Australien. Ratten und Mäuse kamen mit den Schiffsladungen auf die Insel.

Viele dieser Tiere konnten sich in der freien Wildbahn ausbreiten, weil sie dort keine natürlichen Feinde hatten. Gleichzeitig wurden sie zur Bedrohung der einheimischen Tierwelt. Denk nur an die vielen Vogelarten, die nicht fliegen und somit nicht fliehen können. Vor der Ankunft der »Neuen« gab es dafür keinen Grund. Deshalb sind viele einheimische Arten heute bedroht und andere bereits ausgestorben.

DER DINGO

Der Dingo ist ein Wildhund und gilt als ältester Einwanderer. Wann, wie und mit wem er gekommen ist, weiß man nicht genau – sicher ist nur, dass er kein Ureinwohner Australiens ist, obwohl er schon seit mehreren tausend Jahren dort lebt, und dass er früher als Haushund gehalten wurde.

DIE AGA-KRÖTE

Die eingeführte Aga-Kröte aus Amerika sollte den schädlichen Zuckerrohrkäfer fressen. Leider gehört der Käfer nicht zur Nahrung der Kröte, andere einheimische Tiere aber sehr wohl. Die Kröte selbst ist so giftig, dass sie von den meisten Tieren nicht gefressen wird und sich so ungestört vermehren kann.

GIFTIGE TIERE

Gerade in Australien ist die Zahl der giftigen Tiere extrem hoch. Hier stellen wir dir einige vor:

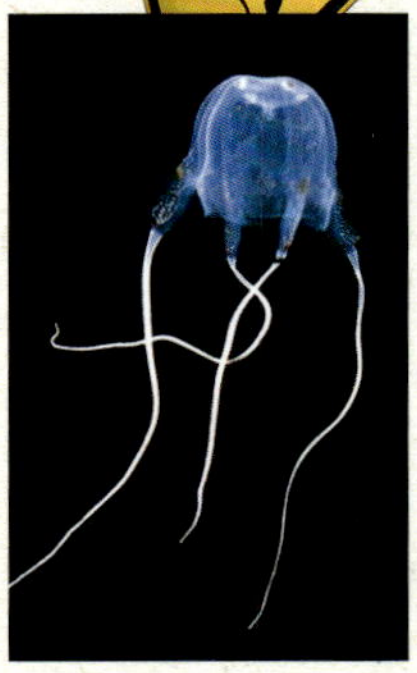

DER INLANDTAIPAN

Dieser Taipan hat das tödlichste Gift. Die Schlange ist eigentlich scheu, kommt sie aber in Bedrängnis, beißt sie gleich mehrmals zu. Ohne verabreichtes Gegengift ist ihr Biss tödlich.

DIE BLAUGERINGELTE KRAKE

Diese kleine Krake hat etwa 15 cm Armspannweite. Sie lebt im flachen Küstengewässer und geht nachts auf die Jagd. Normalerweise kommt man mit ihr nicht in Kontakt. Man sollte sie nicht anfassen, denn ihr Biss kann innerhalb von etwa 10 Minuten zum Tod führen. Es gibt kein Gegengift.

DIE SEEWESPE

Die Seewespe gehört zu den gefährlichsten Meerestieren. Aus ihren bis zu 10 m langen Tentakeln schießt diese Qualle giftige Nesselfäden ab, die zu extrem schmerzhaften Verbrennungen führen und tödlich enden können.

DIE KEGELSCHNECKE

Das Gehäuse dieser Schnecke wird gern gesammelt. Die Schnecke darin ist allerdings hochgiftig. Der Pfeil, den sie zum Jagen abschießt, enthält ein Gift, das auch beim Menschen zum Tod führen kann. Ein Gegengift gibt es nicht.

DIE SYDNEY-TRICHTERNETZSPINNE

Das Männchen gilt als eine der gefährlichsten Spinnen der Welt. Es ist häufig auch in Häusern oder Zelten anzutreffen und wenig scheu. Ohne Gegenmittel kann ein Biss zum Tod führen.

DER STEINFISCH

Der Steinfisch ähnelt einem bewachsenen Stein und ist damit in seiner Umgebung perfekt getarnt. Er gräbt sich halb in den Meeresboden ein und lauert dort auf seine Beute. Er gilt als einer der giftigsten Fische der Erde. Das Gift seiner Rückenstacheln verursacht heftigste Schmerzen sowie Lähmungen und kann zum Tod führen. Beim Baden und Tauchen muss man also gut aufpassen, wohin man tritt.

PFLANZEN IN AUSTRALIEN

DIE GOLDENE AKAZIE

Diese Akazie wächst zu einem Strauch oder kleinen Baum heran. Sie ist die Nationalblume Australiens. Schau dir die Blüten einmal an. Es stimmt, sie sehen den in unseren Blumengeschäften angebotenen »Mimosen« ähnlich. Diese Mimosen sind eigentlich Akazien aus Australien.

DER COOLABAH-EUKALYPTUS

Eukalypten wachsen in ganz Australien und die verschiedenen Arten haben sich an die unterschiedlichsten Lebensräume angepasst. Der Coolabah hat das härteste Holz aller Eukalypten. Es wird von den Aborigines gerne zum Bauen benutzt.

DER TEEBAUM

Die Aborigines verwenden die Blätter des Teebaums für Aufgüsse und Umschläge. Du kennst Teebaumöl vielleicht in Shampoos. Um das Öl in großen Mengen zu gewinnen, wird der Baum auf Plantagen angepflanzt.

DAS ROT-GRÜNE KÄNGURUPFÖTCHEN

Die Pflanze ist die Nationalblume des Bundesstaats Westaustralien und wird gerne auch als Schnittblume genommen. Die Blüten enthalten viel Nektar und werden von Honigfressern besucht, die sie auch bestäuben.

DER MANGROVENBAUM

Mangroven sind Pflanzen, die in den Gezeitenzonen wachsen. Dort ist das Überleben schwierig: Sie sind von Salzwasser umgeben, bei Flut fallen ihre Früchte möglicherweise ins Wasser und die Wurzeln bekommen im Boden kaum Sauerstoff. Deshalb haben sie Stelzen- und Luftwurzeln entwickelt und ihre Früchte keimen schon am Baum. Fallen sie runter, bohren sie sich in den Schlick und sind sozusagen eingepflanzt.

DIE MACADAMIA

Für die Aborigines war der ölhaltige Samen des Baums schon immer eine wertvolle Nahrung. Mittlerweile werden die Bäume auf Plantagen angebaut und die Macadamianüsse in andere Länder exportiert.

DIE STRANDKASUARINE

Schau genau hin! Kasuarinen sind keine Nadelbäume, sondern Laubbäume, und die Blätter sind winzig klein. Die grünen, rutenförmigen Zweige übernehmen die Funktion der Blätter.

DER KARRIBAUM

Auch der Karribaum gehört zu den Eukalypten. Er kann bis zu 60 m hoch werden. Deshalb baute man auf besonders hohe Bäume Aussichtsplattformen, die zur Brandschutzüberwachung dienten. Heute kannst du als Tourist die Bäume besteigen.

DER FIEBERBAUM

Der Fieberbaum ist die Nationalpflanze Tasmaniens. Da er schön gerade und auch schnell wächst, wird er mittlerweile auch in anderen Ländern angepflanzt, um sein hartes Holz zu nutzen. Da seine Blätter blau sind, wird er auch Blauer Eukalyptus genannt.

DIE SCHARLACHROTE BANKSIE

Diese Banksie ist weltweit als Schnittblume bekannt. Sie stammt aus Australien, wo es noch viel mehr Banksien-Arten gibt. An ihren bürsten- oder zylinderförmigen Blüten kannst du die meisten gut erkennen. Ihre nektarreichen Blüten sind Nahrung für viele Tiere.

TIERE NEUSEELANDS
& DER PAZIFISCHEN INSELN

DER KIWI
Der Kiwi ist das Nationalsymbol Neuseelands. Ihn zu beobachten, ist schwer, denn der flugunfähige Vogel zeigt sich nur nachts. Im Dunkeln orientiert er sich mithilfe seines guten Gehörs und seines Geruchsinns. Mit seinem langen Schnabel stochert er im Boden nach Insekten, Regenwürmern und Pflanzen. Der Kiwi ist besonders durch eingeschleppte Tiere wie Hunde, Katzen und Marder gefährdet.

DIE TUATARA
Ihren Namen hat sie von den Maori, dem indigenen Volk Neuseelands. Er bedeutet »stacheliger Rücken«. Die Echse ist auch bei kühleren Temperaturen aktiv und jagt Insekten, Spinnen und Schnecken. Auch sie ist im Bestand bedroht.

DER KAGU
Der Nationalvogel Neukaledoniens ist der Kagu. Der ebenfalls in seinem Bestand bedrohte, flugunfähige Vogel kommt nur dort vor. Du kannst ihn gut an seinen roten Beinen, dem roten Schnabel und der Haube auf dem Kopf erkennen. Sein Federkleid ist grau mit einem bläulichen Schimmer.

DIE WEKARALLE
Die Wekaralle ist flugunfähig und hat nur kurze Flügel. Dafür hat sie kräftige Füße, kann gut und schnell laufen und, wenn es nötig ist, auch schwimmen. Sie ist ein Allesfresser.

DER TAKAHE
An ihrem blaugrünen Gefieder und dem roten, gebogenen Schnabel sind die flugunfähigen Vögel leicht zu erkennen. Sie ernähren sich von Gräsern, Grassprossen und Wurzeln. Dadurch konkurrieren sie mit Rotwild um die Nahrung.

DER KEA
Die Bergpapageien sind intelligent, neugierig, können Werkzeug benutzen und spielen gerne. Sie leben im Gebirge und ihnen macht auch Schnee nichts aus. Der Kea ist nahe mit dem Kaka verwandt, einem Waldpapagei, der im Flachland lebt.

DER BRILLENPELIKAN
Brillenpelikane sind nicht wählerisch, sie fühlen sich im Salzwasser, im Süßwasser aber auch im Brackwasser wohl. Meist leben und jagen sie in Gruppen. Sie haben sich nicht auf eine Insel festgelegt, sondern kommen zum Beispiel in Australien, auf Tasmanien, in Papua-Neuguinea, Vanuatu und auf den Fidschi-Inseln vor.

DER KAKAPO
Ein flugunfähiger Papagei? Das trifft nur auf den Kakapo zu. Zur Futtersuche klettert er gerne auf Bäume. Seine kurzen Flügel braucht er zum Balancieren beim Laufen oder wenn er von Bäumen auf den Boden gleitet.

DER ZWERGPINGUIN
Zwergpinguine sind die kleinsten Mitglieder der Pinguinfamilie. Sie leben in Kolonien zusammen und jagen auch in Gruppen.

DER GRÜNGECKO
Von den Grüngeckos gibt es verschiedene Arten. Die gelblichen Flecken und die grüne Farbe sind eine gute Tarnung. Beim Klettern nutzen die Grüngeckos auch ihren Schwanz.

DIE WETA
Die Weta gehört zu den Heuschrecken. In der Sprache der Maori heißt sie »Gott der hässlichen Dinge«. Sie zählt zu den größten und schwersten Insekten der Erde.

INDIGENE VÖLKER

Bevor Länder und Kontinente wie etwa Amerika, Neuseeland oder Australien von den Europäern entdeckt wurden, lebten dort bereits Menschen. Diese wurden von den fremden Nationen oft brutal unterworfen, vertrieben oder getötet. Dennoch gibt es noch auf jedem Kontinent Nachfahren der indigenen Bevölkerungsgruppen – weltweit sind es rund 300 Millionen Menschen bzw. 5000 unterschiedliche Völker, die teilweise noch nach alten Traditionen leben. Wir nennen sie indigene Völker.

IM EINKLANG MIT DER NATUR

Indigene Völker leben im Einklang mit der Natur. Wie ihre Vorfahren verstehen sie sich als Teil der Tier- und Pflanzenwelt. Ganz anders verhalten sich etwa die großen Industrienationen. Sie schaden der Natur, indem sie die Bodenschätze rücksichtslos abbauen, Flüsse für die Schifffahrt aufstauen oder begradigen und Regenwälder abholzen. Oft dringen sie dabei in Gegenden vor, in denen indigene Völker siedeln, und bedrohen damit auch deren Lebensgrundlage.

ISOLIERTE VÖLKER

Bekannte indigene Völker sind die Maori in Neuseeland, die Aborigines Australiens und die Inuit in Alaska, Grönland sowie im Norden Kanadas und Russlands. Besonders viele verschiedene indigene Völker leben auf der Insel Neuguinea – nämlich über 800! Weltweit gibt es ungefähr 100 sogenannte »isolierte Völker«, die bislang noch keinen oder kaum Kontakt zur modernen Zivilisation hatten. Sie haben meist nur wenige Angehörige, manchmal sind es ein paar hundert, manchmal weniger als fünfzig.

Abgedunkelte Gebiete: mehrere isolierte Völker

A SAMEN

In Nordskandinavien lebt das Volk der Samen. Früher folgten sie den Rentieren, wohnten in Hütten oder Zelten und trugen traditionelle bunte Kleidung. Auch heute noch sind für die Samen die Rentiere sehr wichtig – sie liefern Fleisch und Felle und werden zum Transport genutzt.

A INUIT

Die indigenen Bevölkerungsgruppen der Arktis wurden oft »Eskimos« genannt. Das bedeutet »Rohfleischfresser« oder »Schneeschuhflechter« und ist beleidigend. Daher sagen wir heute Inuit, »Mensch«. Mehr über die Inuit erfährst du auf den Seiten über Kanada und die Arktis!

B MAYA

Die Maya waren die ersten Siedler auf der Halbinsel Yucatán im Golf von Mexiko. Sie bauten prächtige Tempel und Pyramiden, pflanzten Mais und Süßkartoffeln an, waren gute Mathematiker und hatten eine komplexe Schrift. Heute leben noch über 6 Millionen ihrer Nachfahren.

C AYMARA

Die Aymara waren die Ersten, die die kargen Hochgebirge der bolivianischen Anden bewohnten. Heute noch leben sie dort als Bauern und Viehzüchter – ohne den Einsatz von Maschinen. Die Frauen stellen aus Wolle meist sehr farbenfrohe Kleidung her.

TIERE IN AUSTRALIEN

DAS ROTE RIESENKÄNGURU

Bei Weitsprung und Sprint hättest du gegen das Rote Riesenkänguru keine Chancen. Ist es erst einmal in Schwung, erreicht es etwa 80 km/h. Dabei benutzt es seine starken Hinterbeine wie Sprungfedern und steuert und balanciert seine 3 m hohen und 12 m weiten Sprünge mit dem Schwanz aus.

DER EMU

Graubraunes zottiges Gefieder, lange Beine, langer Hals: Das ist ein Emu, ein »echter« Australier. Emus sind scheue Vögel. Sie ernähren sich vor allem von Früchten, Samen, Gras und Kräutern, fressen aber auch gerne von eingeführten Pflanzen.

DAS QUOKKA

Das Quokka sieht zwar aus wie eine Ratte, ist aber ein Kurzschwanzkänguru. Das erkennst du spätestens, wenn es loshüpft und wenn du das Junge entdeckst, das aus dem Beutel lugt.

DER LACHENDE HANS

Der Lachende Hans ist der größte Eisvogel der Erde. Im Gegensatz zum europäischen Eisvogel lebt er nicht unbedingt am Wasser und frisst nicht nur Fisch, sondern jagt auch Insekten, Ratten, Mäuse, Krabben und sogar kleine Vögel.

DAS SCHNABELTIER

Entenschnabel, Schwimmhäute, Krallen und Pelz: Das Schnabeltier ist ein seltsamer Kerl. Es lebt nur in Teilen Australiens und Tasmaniens. Das Schnabeltier legt in seinem unterirdischen Bau Eier. Sind die Jungen geschlüpft, bekommen sie wie andere Säugetiere Muttermilch.

DER SCHNABELIGEL

Auch der Schnabeligel gehört zu den Eier legenden Säugetieren. Er ist wie unser Stacheligel ein Fleischfresser. Mit seiner klebrigen Zunge angelt er Ameisen und Termiten aus ihrem Bau. Fühlt sich der Schnabeligel bedroht, gräbt er sich schnell ein und streckt seine Stacheln nach außen.

DIE KRAGENECHSE

Die bekannteste australische Agame ist die Kragenechse. Was für uns ziemlich lustig aussieht, ist für die Kragenechse oft bitterernst: Wird sie angegriffen, stellt sie als Drohung ihre breite Halskrause auf und öffnet das Maul. Schreckt das den Gegner nicht ab, flüchtet sie flink auf ihren Hinterbeinen und klettert auf den nächsten Baum.

DER KOALA

Koalabären, Eukalyptuswälder und Australien – das gehört einfach zusammen. Ein Koala verbringt sein ganzes Leben auf Bäumen und kommt nur auf den Boden, um den Baum zu wechseln. Da seine Hauptnahrung, die Eukalyptusblätter, sehr energiearm sind, verspeist er täglich etwa 1 kg davon. Er ist ein Beuteltier. Doch sein Beutel öffnet sich nach unten, damit beim Klettern keine Blätter, Rinde oder Zweige hineinrutschen können.

DER HERKULESFALTER

Der Herkulesfalter ist ein Bewohner tropischer Regenwälder und kommt auch in Australien vor. Mit einer Flügelspannweite von ungefähr 25 cm ist er der größte Nachtfalter der Erde. Die Weibchen haben einen raffinierten Trick entwickelt, um die Männchen anzulocken: Sie senden Ultraschallsignale aus, die bis in eine Entfernung von 3 km reichen.

DER WELLENSITTICH

Papageien sind die wohl auffälligsten australischen Vögel. Zu ihnen gehören die Kakadus, die Loris und die Echten Papageien. Sittiche gehören zu den Echten Papageien. Der Nymphensittich, der Gelbhaubenkakadu und der Wellensittich sind in Australien beheimatet.

DER WOMBAT

Ein bisschen sieht der Wombat aus wie ein Bär. Auch er ist ein Beuteltier und wie beim Koala geht sein Beutel nach unten auf. Das ist wichtig, denn Wombats leben in selbst gegrabenen großen Erdhöhlen und so kann in den empfindlichen Beutel kein Schmutz gelangen. In der Dämmerung verlässt der Wombat seine Höhle und geht als Vegetarier auf Futtersuche.

DER TASMANISCHE TEUFEL

In Australien wurde der Tasmanische Teufel ausgerottet. Beobachten kannst du ihn nur noch auf Tasmanien. Hauptsächlich frisst er Aas, kleine Säugetiere und Insekten. Seinen Namen verdankt er seinem schwarzen Fell und seinen leuchtend roten Ohren. Die bekommt er, wenn er sich aufregt. Was man ihm nicht ansieht: Er hat nach dem Weißen Hai den zweitkräftigsten Biss der Welt.

DER HONIGBEUTLER

Der Honigbeutler hat eine wichtige Aufgabe. Bei seiner Nahrungssuche leckt er mit seiner pinselartigen Zunge Pollen und Nektar aus Blüten und bestäubt sie gleichzeitig. Auch der Honigbeutler hält einen Rekord im Tierreich: Die Weibchen gebären die leichtesten Jungen der Welt: Sie wiegen nur 5 mg!

DIE SUPPENSCHILDKRÖTE

Suppenschildkröten und andere Meeresschildkröten gehören zu den gefährdeten Arten. Bei ihren Tauchgängen in tropischen Gewässern verfangen sie sich oft in Haischutz- oder Fischernetzen und ertrinken dann. Australische Suppenschildkröten dürfen heute nicht mehr gejagt und gegessen werden. Ihr Bestand ist gefährdet.

DER RIESENGLEITBEUTLER

Der Riesengleitbeutler ist der größte Gleiter und hat auch die größte Flughaut. Er schafft gesteuerte Gleitflüge von über 100 m. Wie der Koala hat er sich auf Eukalyptusblätter und -blüten als Nahrung spezialisiert.

DAS SÜSSWASSERKROKODIL

Dieses Krokodil wirst du nie im Salzwasser finden. So gefährlich wie das Salzwasserkrokodil ist es nicht, aber vor ihm in Acht nehmen solltest du dich trotzdem.

DER BLAUZUNGEN-SKINK

Der Blauzungenskink ist eine australische Echsenart. Sein markantestes Merkmal ist seine blaue Zunge. Mit ihrer Hilfe spürt er Beutetiere auf. Eigentlich ist der Skink sehr friedfertig, wird er aber angegriffen, dann reißt er das Maul auf, zischt und streckt seine blaue Zunge heraus.

DAS LEISTENKROKODIL

Das Leistenkrokodil ist das größte heute lebende Krokodil. Es lebt im Salzwasser. Große Exemplare können sogar über 9 m lang werden. Leistenkrokodile sind extrem gefährlich. Man muss unbedingt entsprechende Warnhinweise beachten!

PFLANZEN IN NEUSEELAND

DIE KŌWHAI

Die Kōwhai-Pflanze erkennst du an ihren auffallend leuchtend gelben Blüten. Sie sind gut zu sehen, denn die Blätter sprießen erst nach der Blüte. Die Pflanze ist in ganz Neuseeland zu finden und ihr Nektar ist sehr beliebt bei Vögeln.

DER KAURI-BAUM

Kauri-Bäume sind immergrün. Sie können ziemlich groß und steinalt werden. Der bekannteste Kauri auf Neuseeland, der »Tāne Mahuta«, wird älter als 1500 Jahre geschätzt. Er ist 51 m hoch und hat einen Stammdurchmesser von 4,40 m. Früher wurde das stabile Holz und das Harz der Kauri-Bäume genutzt. Heute steht der Baum unter Naturschutz.

DER FRANGIPANI

Der Tempelbaum ist in vielen tropischen Gebieten wegen des Dufts seiner Blüten eine beliebte Zierpflanze. Auf den Cook-Inseln findest du Bäume mit den unterschiedlichsten Blütenfarben.

DER TI KOUKA

Der Ti Kouka sieht ein bisschen exotisch aus. Er wird auch »Kohlbaum« genannt. Die Wurzeln und Triebe sind nach dem Kochen essbar und enthalten viel Zucker. Aus den faserreichen Blättern kann man starke Seile fertigen.

DER SILBERFARN

Die Gruppe der Baumfarne gibt es schon seit Millionen von Jahren auf der Erde. Der Silberfarn kann bis zu 10 m hoch werden und ist die offizielle Nationalpflanze Neuseelands. Stilisierte Farnwedel findest du zum Beispiel auf Flaggen und auch im Wappen Neuseelands.

DER HARAKEKE

Die faserigen Blätter des Harakeke (Neuseeländischer Flachs) wurden früher von den Maori zur Herstellung von Seilen und zum Weben genutzt. Auch in ihrer Medizin wurde er verwendet. Heute findet man Inhaltsstoffe des Flachs in Seife und anderen Kosmetik-Produkten.

DER POHUTUKAWA

Einer der schönsten Bäume Neuseelands ist der Pohutukawa. Zwischen Dezember und Januar bedecken rote Blüten seine meist ausladende Krone. Deshalb wird er auch »Weihnachtsbaum« genannt.

EINGEFÜHRTE ARTEN

Die indigenen Völker Australiens, Neuseelands und der pazifischen Inseln ernährten sich von den einheimischen Früchten und Pflanzen. Doch die Siedler führten ihre eigenen Nutzpflanzen ein. Heute werden viele bekannte Obst- und Gemüsesorten angebaut.

DIE KIWI

Die Kletterpflanze hat kräftige Triebe, an denen die Früchte hängen. Die Kiwi kommt eigentlich aus China, aber erst in Neuseeland wurden Sorten gezüchtet, die man in großen Mengen auf den Markt bringen konnte. Heute wird die Kiwi auch in anderen Ländern wie Italien angebaut.

DIE MANGO

Der Mango-Baum kommt ursprünglich aus dem indischen Raum. Seine Früchte sind sehr vitaminreich.

DIE TAMARINDE

Als ursprüngliche Heimat der Tamarinde gilt das tropische Afrika. Wahrscheinlich wurde der Baum schon vor den Europäern eingeschleppt. Das vitaminreiche Tamarindenmus aus den Hülsen schmeckt fruchtig süß-säuerlich.

DIE PAPAYA

Die Heimat der baumartigen Staude ist Süd- und Mittelamerika. Die vitaminreichen Früchte solltest du am besten frisch verzehren.

A ADIVASI

Das indigene Volk Indiens leben heute noch im Einklang mit der Natur. Sie ernähren sich von Früchten und glauben an Naturgottheiten in alten Bäumen und Bergen. Zum Teil werden sie massiv bedroht, weil große Konzerne die Bodenschätze ihres Landes abbauen wollen.

B AINU

Das indigene Volk Nordjapans sind die Ainu. Früher lebten sie als Jäger und Sammler. Die alten Männer hatten lange Bärte, Frauen eine Tätowierung, die einem Bart ähnelte. Heute leben kaum noch Menschen nach diesen Traditionen. Aber es gibt eine eigene Zeitung, die »Ainu Times«.

C NENZEN

Die Kinder der sibirischen Nenzen werden zu Beginn des Schuljahrs mit dem Helikopter abgeholt und in Internate gebracht. Die Eltern bleiben bei den Rentierherden. Damit die Nomadenkinder Nenzisch nicht verlernen, werden einige Fächer sogar in ihrer Sprache unterrichtet.

A ABORIGINES

Da Australien erst spät entdeckt wurde, konnten die Aborigines etwa 60 000 Jahre lang ganz ungestört von fremden Einflüssen leben.
Das traditionelle Essen der Aborigines besteht etwa aus Känguru-fleisch, Wurzeln oder Insekten.

B MAORI

In Neuseeland leben die Maori. Sie lieferten sich früher oft Kämpfe um die fruchtbarsten Gebiete. Die Maori stellen schöne Schnitzereien aus Holz oder Jade her.
Auch für ihre Gesänge, Tänze und Tätowierungen sind sie bekannt.

A TUAREG

Die Tuareg tragen eine tiefblaue Kopfbedeckung, die sie vor Sand, Wind und Sonne schützt. Noch heute gibt es einige Tuareg, die mit Kamelen und Zelten durch die Wüste ziehen. Sie suchen Salzlagerstätten auf, um das Salz z. B. gegen Getreide einzutauschen.

B FULBE

Heute leben die Fulbe als Händler in Städten oder als Bauern und Viehzüchter auf dem Land. Manche ziehen aber immer noch wie früher als Nomaden umher. Ruhe, Weisheit, Ehrlichkeit und Zurückhaltung sind für die Fulbe wichtige Eigenschaften. Und Kühe sind heilig!

C MASSAI

Im Osten Afrikas wohnen die Massai. Obwohl sie lange unter britischer Kolonialherrschaft lebten, haben sie sich ihre Lebensweise als umherziehende Viehhirten bewahrt. Bekannt sind ihre Tänze, bei denen die Männer aus dem Stand so hoch springen, wie sie können.

D SAN

Die San zählen zu den ältesten Volksgruppen. Vor allem früher lebten sie als Jäger und Sammler in der Kalahari-Wüste. Ihre Sprache besteht aus Lauten, die sich wie Klicken und Schmatzen anhören. Manche dieser Laute sind Geräuschen aus der Natur nachempfunden.

AMERIKA

Amerika ist nach Asien der zweitgrößte Erdteil der Welt. Es besteht aus den zwei Hauptteilen Nord- und Südamerika, die durch die Landbrücke Zentralamerika verbunden sind. Die gesamte Landmasse von Amerika zieht sich also von Nord nach Süd fast über den gesamten Erdball. Sie bildet somit eine natürliche Grenze, die den Atlantischen vom Pazifischen Ozean trennt. Durch die Länge des Kontinents findest du in Amerika alle Klimazonen – von kalten Zonen im Norden und im Süden über gemäßigte Zonen bis hin zu den Tropen in Äquatornähe. Entsprechend vielfältig ist die Tier- und Pflanzenwelt Amerikas.

METROPOLEN UND MENSCHENLEERE WILDNIS

Nordamerika umfasst Alaska, das zu den USA gehört, Kanada und die USA. Außerdem zählt man das zu Dänemark gehörende Grönland sowie die Bermuda-Inseln (britisches Überseegebiet) hinzu. In Kanada und den USA gibt es viele riesige Großstädte wie Vancouver, Toronto, New York oder Los Angeles. Alaska liegt im Nordwesten Nordamerikas. Dort sowie im Norden Kanadas leben kaum Menschen und die Winter sind extrem lang, kalt und dunkel.

NATURWUNDER UND NATIONALPARKS

Nordamerika steckt voller Naturwunder! Hier kannst du tiefe Schluchten, brodelnde Geysire, Urwälder mit Mammutbäumen, riesige Seengebiete, Wüsten und das Hochgebirge Rocky Mountains erkunden. Die »Rockies« ziehen sich vom Nordwesten Kanadas bis in den Süden der USA. Um die einzigartige Natur zu schützen, wurden zahlreiche Nationalparks eingerichtet, in denen Bisons, Wölfe und sogar Bären leben.

EINE SCHMALE LANDBRÜCKE

Zentralamerika verbindet Nord- und Südamerika. Zusammen mit der Inselwelt der Karibik wird diese Region Mittelamerika genannt.
Am schmalsten Stück der Landbrücke liegt Panama. Dort wurde der Panamakanal gebaut – eine der wichtigsten Wasserstraßen der Welt. Sie durchtrennt die Landenge, damit Schiffe auf direktem Weg vom Atlantik zum Pazifik fahren können.

In Alaska finden regelmäßig Schlittenhunderennen statt: der »Yukon Quest« und das »Iditarod«. Gespanne mit bis zu 16 Hunden versuchen jeden März, besonders schnell eine Strecke von 1850 km durch den Schnee zurückzulegen, das ist etwa so weit wie von Dresden nach Moskau.

Das Tal des Todes (Death Valley) ist Nordamerikas tiefste Stelle: 86 m unter Meeresniveau. Im Sommer herrschen hier Temperaturen über 50 °C. Skorpione, Schlangen und auch Füchse leben hier.

GEBIRGE UND REGENWÄLDER

Südamerika wird von zwei großen Gebieten beherrscht: den hohen Gebirgszügen der Anden auf der Westseite und dem riesigen Amazonasbecken im Nordosten. Im Amazonasbecken liegt das größte tropische Regenwaldgebiet der Erde. Hier leben so seltene Tiere wie der Amazonasdelfin, der Kolibri oder das Faultier. Die immergrünen Pflanzen des Regenwalds liefern durch Fotosynthese einen großen Teil des lebensnotwendigen Sauerstoffs auf der Erde.

BODENSCHÄTZE UND HOCHKULTUREN

Mehrere Länder in Südamerika sind sehr reich an Bodenschätzen. Neben Erdöl werden zum Beispiel Kupfer, Gold und Silber abgebaut. Etwa die Hälfte der Einwohner Südamerikas lebt in Brasilien. Dort wird Portugiesisch gesprochen. In den anderen Ländern sprechen die Menschen Spanisch. Die indigenen Völker von Süd- und Zentralamerika waren die Azteken, Inka und Maya. Viele Stätten dieser einstigen Hochkulturen kannst du heute noch besichtigen.

DER MEHRFACH ENTDECKTE KONTINENT

Bereits vor über 1000 Jahren segelte der Wikinger Leif Eriksson mit 35 Seeleuten auf seinem Drachenschiff bis nach Nordamerika. Doch seine waghalsige Reise geriet über die Jahre in Vergessenheit. Darum gilt ein anderer als Entdecker von Amerika: Christoph Kolumbus! Dieser suchte im 15. Jahrhundert den Seeweg nach Indien und stieß dabei zufällig auf Amerika. Dass Kolumbus auf einem neuen Kontinent gelandet war, erkannte erst der italienische Seefahrer Amerigo Vespucci. Nach ihm wurde der Kontinent schließlich Amerika genannt.

CHRISTOPH KOLUMBUS

Während viele Seefahrer den Weg nach Asien suchten, indem sie Afrika umsegelten, wollte der Italiener Christoph Kolumbus westwärts nach Indien gelangen. Nach seiner Vorstellung bestand die Welt aus Europa, Afrika und Asien, die nur der Atlantik trennte. Dass noch ein Erdteil dazwischenliegt, ahnte Kolumbus nicht. Als er nach über zwei Monaten Fahrt am 12. Oktober 1492 auf Land stieß, war er der festen Überzeugung, er wäre in Indien. Darum nannte er die dortigen Einwohner auch »Indios« (»Indianer«), was heute als diskriminierend gilt.

Kolumbus reiste im Auftrag des spanischen Königshauses. Er stach mit insgesamt drei Segelschiffen in See (***Santa Maria***, ***Pinta*** und ***Niña***). Die Überfahrt dauerte viel länger als geplant und die Mannschaft stand kurz vor der Meuterei, als endlich Land in Sicht kam.

Kolumbus brachte zahlreiche fremdartige Dinge mit aus der Neuen Welt, zum Beispiel ***Tomaten***!

DIE EUROPÄISCHEN EROBERER

Zu Beginn des 16. Jahrhunderts machten sich Spanier und Portugiesen auf nach Amerika. Sie träumten von Gold und von Macht. Die Neue Welt übertraf alle ihre Erwartungen. Die Azteken in Mexiko, die Maya in Mittelamerika und die Inka in Peru waren schon damals sehr fortschrittlich und bauten prächtige Pyramiden und Tempel. Deswegen werden ihre Kulturen als Hochkulturen bezeichnet. Doch die Europäer zerstörten ihre heiligen Stätten, raubten wertvolle Silber- und Goldschätze und zwangen die Völker, sich zu unterwerfen. Nach und nach wanderten immer mehr Europäer auch nach Nordamerika ein. Nur wenige indigene Völker konnten dort in kleinen Gebieten überleben, die man heute Reservate nennt.

Die ***Maya*** sind berühmt für ihre mächtigen ***Stufenpyramiden***, kunstvoll gefertigten Gegenstände und ***Statuen***, ihren hoch entwickelten Kalender, für ihr mathematisches Wissen, Maisanbau und eine eigene Schrift.

Berühmte Stammeshäuptlinge der ***Lakota*** (Sioux): ***Sitting Bull***, ***Red Cloud*** und ***Crazy Horse***

Das Lama lebt in den kalten Gras- und Hochgebirgslandschaften Südamerikas. Es wird oft zum Tragen von Lasten eingesetzt. Aus seiner dicken Wolle werden warme Kleidung oder Matten hergestellt.

Im brasilianischen Amazonas-Regenwald leben die Menschen seit Jahrtausenden im Einklang mit der Natur. Manche Völker haben dort heute noch so gut wie keinen Kontakt zur Außenwelt.

Die Wahrzeichen von Rio de Janeiro sind der Zuckerhut, ein knapp 400 m hoher, steiler Fels im Meer, sowie die riesengroße Christusstatue. Zur Statue kannst du mit der Corcovado-Bergbahn fahren.

Was in Nordamerika die Cowboys und Cowgirls sind, sind in Südamerika die Gauchos. Hoch zu Ross hüten sie seit über 100 Jahren die Rinderherden in den argentinischen Pampas.

In Patagonien haben Wissenschaftler im Mai 2014 Knochen des bislang größten Dinosauriers aller Zeiten ausgegraben. Die Riesenechse soll 40 m lang, 20 m hoch und so schwer wie 14 Elefanten gewesen sein.

KLEINSTES LAND
SAINT KITTS UND NEVIS
Inselstaat in der Karibik
|⟷| 260 km²

GRÖSSTES LAND
KANADA
|⟷| 9 Mio. km²

GRÖSSTER SEE
OBERER SEE
in USA/Kanada
|⟷| 82 103 km²

HÖCHSTER GEYSIR
STEAMBOAT GEYSIR
Yellowstone-National-park, USA
bis zu 130 m

HÖCHSTER BERG
ACONCAGUA
in Argentinien
6962 m

HÖCHSTER VULKAN
OJOS DEL SALADO
in Argentinien/Chile
6893 m

LÄNGSTER FLUSS
AMAZONAS
|⟷| 6437 km

TIEFSTE SCHLUCHT
GRAND CANYON
in Arizona, USA
bis zu 1800 m

35 STAATEN

S. 68–69 ALASKA & KANADA

S. 70–71 SÜDLICHES NORDAMERIKA:
Vereinigte Staaten von Amerika (USA)

S. 72–73 MEXIKO & MITTELAMERIKA:
Antigua und Barbuda, Bahamas, Barbados, Belize, Costa Rica, Dominica, Dominikanische Republik, El Salvador, Grenada, Guatemala, Haiti, Honduras, Jamaika, Kuba, Mexiko, Nicaragua, Panama, St. Kitts und Nevis, St. Lucia, St. Vincent und die Grenadinen, Trinidad und Tobago

S. 74–75 SÜDAMERIKA:
Argentinien, Bolivien, Brasilien, Chile, Ecuador, Guyana, Kolumbien, Paraguay, Peru, Suriname, Uruguay, Venezuela

ca. 42,7 Mio. km² | ca. 1,04 Milliarden

Fast 40 Prozent von Kanada sind mit Wald bedeckt. Dort leben Waldkaribus. Sie benötigen große zusammenhängende Waldflächen. Diese werden aber wegen des Klimawandels immer öfter durch Waldbrände vernichtet.

Auf der Labradorhalbinsel im Osten Kanadas kannst du die älteste Stadt Nordamerikas besuchen: St. John's, die Hauptstadt der Provinz Neufundland und Labrador.

Rodeos dauern tagelang. Verschiedene Wettbewerbe finden statt. Bei den bekanntesten versuchen Cowboys und Cowgirls, möglichst lange auf dem Rücken eines wilden Pferds oder Stiers zu bleiben.

Als im April 2010 eine Ölplattform im Golf von Mexiko nach einer Explosion versank, strömten bis zu 1 Million Tonnen Erdöl ins Meer. Umweltkatastrophen wie diese Ölpest haben verheerende Folgen für die Natur.

Mit etwa 6000 km² ist Andros die größte Insel der Bahamas. Dennoch leben auf Andros nur 7000 Menschen – überwiegend an der Ostküste. Dort liegt auch das Andros-Barriereriff, das drittgrößte

ALASKA & KANADA

Im Norden von Nordamerika liegen Alaska und Kanada. Alaska ist der nordwestlichste und flächenmäßig größte Bundesstaat der Vereinigten Staaten von Amerika (USA). Kanada ist nach Russland das zweitgrößte Land unserer Erde. Es ist fast 26-mal größer als Deutschland, aber viel dünner besiedelt. Oft wohnen die nächsten Nachbarn Stunden entfernt.

GUT ANGEPASST

Die nördlichen Gebiete Kanadas und auch Alaskas sind fast menschenleer. Verständlich! Denn dort sind die Winter lang, dunkel und bitterkalt. Sehr gut angepasst an diesen einsamen und kalten Lebensraum haben sich die Inuit. Die Inuit sind eine Volksgruppe, die schon sehr lange in den nördlichen Gebieten Nordamerikas sowie auf Grönland lebt.

WOLKENKRATZER UND HIGHWAYS

Während im Norden die Temperaturen nur für wenige Monate im Jahr über 0 °C klettern, dauert der Winter im Süden Kanadas bis zu fünf Monate. Und im Sommer ist es dort richtig schön warm. Deswegen befinden sich alle großen Städte Kanadas im Süden des Landes entlang der Grenze zu den USA. Doch neben diesen modernen Großstädten mit riesigen Wolkenkratzern und mehrspurigen Highways hat Kanada vor allem viel unberührte Natur und raue Wildnis zu bieten.

FÜR NATURLIEBHABER

Kanada und Alaska haben riesige Wälder, zwei Ozeane, schneebedeckte Gipfel, steile Fjorde und massenhaft Seen. Fast 8 Prozent der kanadischen Landmasse sind mit rund 2 Millionen Seen bedeckt! Auch Alaska ist ein Land des Wassers. Hier gibt es sogar mehr Seen als in Kanada, außerdem mehrere tausend Flüsse und Gletscher. In Alaska und Kanada leben Lachse, Elche, Grizzlybären und Wölfe und ganz im Norden sogar auch Eisbären!

Früher lebten die Inuit in Iglus und machten mit der Harpune Jagd auf Fische, Robben und Eisbären. Heute leben sie meist in Städten. In ihrer Sprache Inuktitut bedeutet Inuit »Mensch«.

In Alaska werden spannende Wildnis-Touren angeboten, etwa mit dem Schiff durch die Fjorde zu den mächtigen Gletschern. Dabei kannst du Wale, Robben, Bären und Papageientaucher beobachten.

Ahornsirup darf auf keinem kanadischen Frühstückstisch fehlen. Viele Millionen Liter des leckeren Süßstoffs werden jährlich in Kanada hergestellt. Das Ahornblatt findest du auch auf der Flagge des Landes.

KANADA

- Ottawa
- ca. 9 Mio. km²
- ca. 38,2 Mio.
- Englisch, Französisch

Fährst du gerne Ski oder Snowboard? Das kannst du gut in Kanada machen, etwa beim Ort Whistler. Dort liegt das größte Skigebiet Nordamerikas. Es erstreckt sich über die Berge Whistler Mountain und Blackcomb Peak.

Bonjour! Ich heiße Emily, bin 11 Jahre alt und wohne in Quebec. Die Vorfahren der meisten Menschen hier stammen ursprünglich aus Frankreich. Darum sprechen in Quebec fast alle Französisch und nicht Englisch wie in anderen Gebieten Kanadas. Im Winter machen wir oft Schneeschuh-Rennen und danach gibt es zu Hause Pancakes mit Ahornsirup. In der Stadt stehen dann auch überall große Eisfiguren. Im April schmelzen sie aber leider wieder.

DEINE EMILY

Die Skyline von ***Vancouver***; ***Grizzlybären*** beim Fischen; Stadtzentrum von ***Quebec***; ***Ahornsirup***

Im Nunavut-Territorium im Norden Kanadas leben viele Inuit. Da sie teilweise weite Strecken durch tiefen Schnee zurücklegen müssen, fahren sie oft mit dem Motorschlitten.

Riesige Wassermengen: Kanada ist das Land der Seen und Flüsse. Es verfügt über die größten Süßwasserreserven der Welt.

Die **Niagarafälle** zwischen Kanada und den USA stürzen fast 60 m in die Tiefe.

Die indigenen Völker Kanadas sind neben den Inuit die First Nations. In Gedenken an ihre Verstorbenen und als Schutz vor Feinden stellten sie überall Totempfähle auf.

Die Rocky Mountains erstrecken sich über eine Länge von 4300 km. Viele Gipfel der »Rockies« sind immer schneebedeckt – ideal zum Skifahren. Aber Vorsicht! In den Bergen kannst du auf Bären stoßen.

Kanada hat eine der längsten Autobahnen der Welt! Der fast 8000 km lange Trans-Canada-Highway führt von St. John's im Osten bis nach Victoria im Westen einmal quer durch Kanada.

In der kanadischen Provinz Alberta gibt es weitläufige Steppen, Prärien genannt, auf denen heute vor allem Getreide (Weizen, Mais) angebaut wird. Die Ernte wird in riesigen Silos gelagert.

südliches NORD-AMERIKA

Die Vereinigten Staaten von Amerika – auch USA genannt – befinden sich im südlichen Nordamerika. Sie sind flächenmäßig der drittgrößte Staat der Erde und erstrecken sich über den nordamerikanischen Erdteil vom Atlantischen bis zum Pazifischen Ozean. Im Norden grenzen die USA an Kanada, im Süden an Mexiko. Mexiko liegt auch noch im südlichen Nordamerika. Da es aber kulturell eher Mittel- und Südamerika ähnelt, wird es oft auch zu diesen Erdteilen gezählt.

BERGE UND SCHLUCHTEN

Die Entfernungen in den USA sind riesig! Wer eine Tour durch die Vereinigten Staaten plant, ist viel im Auto auf langen, endlos wirkenden Straßen unterwegs. Dabei kann man äußerst vielfältige Landschaften sehen. So umfasst das Land tausende Kilometer Acker- und Weideland, die imposante Bergwelt der Rocky Mountains, mächtige Ströme, die Sümpfe der Everglades in Florida sowie die wilde Schluchtenlandschaft im Tal des Grand Canyon in Arizona. Da die Vereinigten Staaten von Amerika so groß sind, erstrecken sie sich über mehrere Klimazonen. Zum größten Teil herrscht allerdings kontinentales Klima mit kalten Wintern und heißen Sommern.

GROSSSTÄDTE UND TRAUMFABRIKEN

Die USA sind auch berühmt für zahlreiche moderne Großstädte. Die größte Stadt des Landes mit über 8 Millionen Einwohnern ist New York. Hier steht die Freiheitsstatue und es gibt massenhaft Wolkenkratzer wie das Empire State Building oder das Chrysler Building, die bereits in den 1930er-Jahren erbaut wurden. Weltberühmt ist ebenfalls Los Angeles mit dem Stadtteil Hollywood. Die »Traumfabrik« Hollywood ist das große Zentrum der US-amerikanischen Filmindustrie.

VEREINIGTE STAATEN VON AMERIKA

- Washington, D.C.
- ca. 9,1 Mio. km²
- ca. 337 Mio.
- Englisch

Eine der berühmtesten Hängebrücken der Welt ist die Golden Gate Bridge in San Francisco. Sie ist über 2700 m lang. Täglich fahren mindestens 100 000 Fahrzeuge über die Brücke.

In den USA wird an vielen Stellen Erdöl gefördert. Oft stehen hunderte von sogenannten Tiefpumpen nebeneinander auf einer Erdöllagerstätte wie etwa auf dem Lost-Hills-Ölfeld in Kalifornien.

Indianer sind die indigene Bevölkerungsgruppe von Amerika. In Nordamerika gab es früher über 600 Stämme. Jeder Stamm hat seine eigene Sprache und Kultur.

Nach China und Indien sind die USA der drittgrößte Produzent von Baumwolle. Die Baumwollpflanzen werden auf riesigen Feldern angebaut. Aus den Baumwollfasern wird vor allem Kleidung hergestellt.

Wolkenkratzer in ***New York*** (Manhattan); ***Las Vegas*** in Nevada; ***Hollywood (Los Angeles);*** Downtown von ***Chicago***; von Chicago nach Kalifornien über die berühmte ***Route 66***

Salt Lake City ist die Hauptstadt des US-Bundesstaats Utah. Ski- und Snowboard-Fahrer kommen gerne hierher. Utah ist berühmt für den Pulverschnee, aus dem man keine Schneebälle formen kann. Er ist dafür zu trocken.

Im Jahr 1872 wurde der Yellowstone-Nationalpark als erstes Naturschutzgebiet der Erde gegründet. Hier findest du heiße Quellen, Geysire und viele unterschiedliche Tiere und Pflanzen.

Kennst du die 18 m hohen Gesichter, die in South Dakota in den Berg Mount Rushmore gehauen wurden? Das ausgefallene Denkmal stellt vier ehemalige US-Präsidenten dar: Washington, Jefferson, Roosevelt und Lincoln.

Weltberühmt ist die Freiheitsstatue, die auf einer kleinen Insel vor New York steht. Mit 46 m Höhe gehört sie zu den höchsten Statuen der Welt. Sie stellt die römische Göttin der Freiheit dar.

Das Kapitol in Washington, D. C. ist das Parlamentsgebäude der USA. Vor dem Kapitol schwören die meisten US-Präsidenten ihren Amtseid.

Florida im Süden der USA ist der Sonnenschein-Staat, denn hier ist es ganzjährig warm. Allerdings wird Florida auch oft von Hurrikans heimgesucht. Das sind heftige tropische Wirbelstürme.

Devils Tower (»Teufelsturm«) in Wyoming; Mammutbäume im **Redwood-Nationalpark in Kalifornien;** heiße Quellen im **Yellowstone-Nationalpark** in Wyoming; bizarre Sandstein-Formation **The Wave** (»Die Welle«) in Arizona

Hallo! Ich heiße Ricardo, bin 9 Jahre alt und lebe in Watsonville in der Nähe von San Francisco. Hier wohnen viele Mexikaner. Wir kommen eigentlich auch aus Mexiko. Dann sind wir aber nach Kalifornien ausgewandert, weil mein Vater in San Francisco eine gute Arbeit gefunden hat. Jetzt lerne ich Englisch. Denn hier wird ja Englisch gesprochen und nicht mehr Spanisch wie in Mexiko! Am liebsten esse ich Wraps, die erinnern mich an Mexiko. Und natürlich Donuts.

DEIN RICARDO

MEXIKO & MITTEL-AMERIKA

Die Länder auf dem schmalen Landstreifen zwischen Nord- und Südamerika nennt man Zentralamerika. Mexiko liegt größtenteils auf dem nordamerikanischen Kontinent, bildet aber mit seiner südlichsten Spitze einen Teil Zentralamerikas. Zusammen mit der Inselwelt der Karibik wird Zentralamerika als Mittelamerika bezeichnet. Die Karibik besteht aus den Inseln östlich von Zentralamerika. Sie ist in drei Inselgruppen unterteilt: die Bahamas, die Großen Antillen und die Kleinen Antillen. Die Bahamas umfassen rund 700 größere und kleinere, meist unbewohnte Inseln.

KLIMAZONEN UND LANDSCHAFTEN

In Mittelamerika herrscht tropisches Klima. Die Sonne scheint das ganze Jahr und sorgt für warme Temperaturen. Es gibt nur zwei Jahreszeiten: Regenzeit und Trockenzeit. In der Regenzeit von Mai bis November regnet es meist täglich – kurz und heftig. Das relativ große Mexiko hat mehrere Klimazonen und umfasst ganz unterschiedliche Landschaften: weite Hochebenen, schneebedeckte Berge, einsame Wüsten, gewaltige Vulkane und tropischen Regenwald.

HOCHKULTUREN UND SPRACHE

In Zentralamerika und Mexiko gab es schon früh bedeutende Hochkulturen. Viele Pyramiden und Tempelanlagen in Mexiko, Guatemala, Belize und Honduras zeugen von den faszinierenden Kulturen der Maya und der Azteken. Die Einwohner Zentralamerikas und Mexikos sprechen übrigens Spanisch. Nur in Belize und auf den meisten karibischen Inseln wird Englisch gesprochen.

Vor rund 3000 Jahren lebten die Olmeken, eine der ersten Hochkulturen in Amerika. Sie schufen riesenhafte Köpfe aus Stein, die wahrscheinlich ihre Herrscher darstellten.

Im Norden von Guatemala kannst du mitten im Regenwald die verwilderten Ruinen der alten Mayastadt Tikal erkunden. Auf dem weitläufigen Gelände gibt es viel zu entdecken, etwa uralte Ballspielplätze und mächtige Stufentempel.

COSTA RICA

- San José
- 51 060 km²
- ca. 5,2 Mio.
- Spanisch

EL SALVADOR

- San Salvador
- 20 720 km²
- ca. 6,5 Mio.
- Spanisch

GUATEMALA

- Guatemala-Stadt
- 107 160 km²
- ca. 17,7 Mio.
- Spanisch

HONDURAS

- Tegucigalpa
- 111 890 km²
- ca. 9,5 Mio.
- Spanisch

DIE GROSSEN ANTILLEN

DOMINIKANISCHE REPUBLIK

- Santo Domingo
- 48 320 km²
- ca. 10,7 Mio.
- Spanisch

JAMAIKA

- Kingston
- 10 830 km²
- ca. 2,8 Mio.
- Englisch

HAITI

- Port-au-Prince
- 27 560 km²
- ca. 11 Mio.
- Haitianisch, Französisch

KUBA

- Havanna
- 106 440 km²
- ca. 11 Mio.
- Spanisch

BAHAMAS

- Nassau
- 10 010 km²
- ca. 355 600
- Englisch

BELIZE

- Belmopan
- 22 810 km²
- ca. 412 400
- Englisch

MEXIKO

- Mexiko-Stadt
- 1,9 Mio. km²
- ca. 129,2 Mio.
- Spanisch

NICARAGUA

- Managua
- 120 340 km²
- ca. 6,3 Mio.
- Spanisch

PANAMA

- Panama-Stadt
- 74 340 km²
- ca. 4,3 Mio.
- Spanisch

ANTIGUA & BARBUDA
- St. John's
- 440 km²
- ca. 100 300
- Englisch

BARBADOS
- Bridgetown
- 430 km²
- ca. 302 700
- Englisch

DOMINICA
- Roseau
- 750 km²
- ca. 74 600
- Englisch

SAINT KITTS & NEVIS
- Basseterre
- 260 km²
- ca. 54 490
- Englisch

SAINT VINCENT & DIE GRENADINEN
- Kingstown
- 390 km²
- ca. 101 000
- Englisch

DIE KLEINEN ANTILLEN

GRENADA
- St. George's
- 340 km²
- 113 950
- Englisch

SAINT LUCIA
- Castries
- 610 km²
- ca. 167 000
- Englisch

TRINIDAD & TOBAGO
- Port of Spain
- 5130 km²
- ca. 1,4 Mio.
- Englisch

Kuba ist die größte karibische Insel. Kubas Hauptstadt heißt Havanna. In der Altstadt steht auch das Kapitol, der frühere Sitz der Regierung. Es sieht dem Kapitol in Washington, D.C. sehr ähnlich.

Viele Touristen bereisen die Bahamas, um zu schnorcheln oder zu tauchen. Es gibt Delfine, Haie, Schildkröten und vieles mehr zu entdecken.

Auf Kuba wächst Tabak. Die Tabakblätter werden in Fabriken zu Zigarren gerollt. Kubanische Zigarren sind weltberühmt.

Der Panamakanal verbindet den Pazifischen mit dem Atlantischen Ozean. Dank der rund 80 km langen Wasserstraße müssen Schiffe nicht den langen und gefährlichen Umweg um das Kap Hoorn an der Südspitze von Südamerika machen.

Hängebrücken und tierische Vielfalt im Regenwald in *Costa Rica*

Hola! Ich heiße Marisa und bin 12 Jahre alt. Mit meiner Familie wohne ich in einer kleinen Holzhütte am Rand von San Salvador. Ich gehe nicht zur Schule, weil ich Angst habe vor dem Schulweg. Es gibt hier viele Jugendbanden. Für meine Eltern wäre es auch schwer, das Geld für eine Schuluniform zusammenzubekommen. Immerhin haben wir zu essen. Heute machen wir Pupusas. Das sind Maisfladen, die mit Bohnen, Käse oder Fleisch gefüllt sind. Das ist das Nationalgericht von El Salvador.

DEINE MARISA

Zubereitung von ***Pupusas***; farbenfroh bemalte Hauswand; die Vulkane ***Izalco*** und ***Santa Ana*** (mit türkisfarbenem Kratersee) im ***Cerro-Verde-Nationalpark*** in El Salvador

SÜD-AMERIKA

Über die Landbrücke von Panama ist Südamerika mit Zentralamerika verbunden. Drei Viertel der Südamerikaner leben in großen Städten wie São Paulo, Buenos Aires oder Caracas. Mit Ausnahme von Brasilien wird in fast allen Ländern Südamerikas Spanisch gesprochen. Die Landessprache in Brasilien ist Portugiesisch. Der südamerikanische Kontinent erstreckt sich über mehrere Klimazonen. In vielen Gebieten ist es tropisch heiß und sehr feucht.

LÄNGER, GRÖSSER, HÖHER

Durch den Norden Südamerikas fließt der Amazonas. Das ist der wasserreichste und zweitlängste Fluss der Erde. Das Amazonasgebiet ist fast so groß wie Europa. Dort wächst der weltweit größte Regenwald. Es gibt viele Tier- und Pflanzenarten, die nur in diesem Lebensraum vorkommen. Außerdem findest du in Südamerika das längste Gebirge der Welt, die Anden. Sie ziehen sich entlang der Westküste von Venezuela über Kolumbien, Ecuador, Peru, Bolivien, Argentinien und Chile (Andenstaaten).

GLETSCHER UND WÜSTEN

Chile liegt »eingeklemmt« zwischen den Anden und dem Pazifik. Da das schmale Land sehr lang ist, kannst du in Chile durch die verschiedensten Landschaften reisen. Im Süden gibt es mächtige Gletscher. Und im Norden des Landes befindet sich eine der trockensten Wüsten der Erde, die Atacama-Wüste. Hier regnet es so gut wie nie. Der Pantanal in Brasilien ist dagegen eines der größten Feuchtgebiete der Welt. Hier sind neben unzähligen Vogelarten auch Kaimane, Schlangen, Ameisenbären und viele andere seltene Tierarten beheimatet.

ARM UND REICH

Südamerika ist nicht nur ein Kontinent der Superlative, sondern auch ein Erdteil voller Gegensätze. Hier findet man reiche Großstädte und bitterarme Favelas. So nennt man die Armenviertel, die sich am Rand der Städte ausbreiten. Allein in Rio de Janeiro soll es mehr als 750 Favelas mit Millionen von Bewohnern geben. Dort wohnen die Menschen oft in Häusern aus Blech und Wellpappe.

Land	Hauptstadt	Fläche	Einwohner	Sprache
ARGENTINIEN	Buenos Aires	2,7 Mio. km²	ca. 46,2 Mio.	Spanisch
GUYANA	Georgetown	196 850 km²	ca. 769 700	Englisch
BOLIVIEN	Sucre	1 Mio. km²	ca. 12,1 Mio.	Spanisch, Quechua, Aymara
KOLUMBIEN	Bogotá	1,1 Mio. km²	ca. 49,5 Mio.	Spanisch
BRASILIEN	Brasília	8,3 Mio. km²	ca. 217,2 Mio.	Portugiesisch
PARAGUAY	Asunción	397 300 km²	ca. 7,4 Mio.	Spanisch, Guaraní
CHILE	Santiago de Chile	743 532 km²	ca. 18,4 Mio.	Spanisch
PERU	Lima	1,2 Mio. km²	ca. 32,3 Mio.	Spanisch, Quechua, Aymara
ECUADOR	Quito	248 360 km²	ca. 17,3 Mio.	Spanisch
SURINAME	Paramaribo	156 000 km²	ca. 632 600	Niederländisch
URUGUAY	Montevideo	175 020 km²	ca. 3,4 Mio.	Spanisch

Bom dia! Ich heiße José, bin 10 Jahre alt und wohne in der Nähe von Rio de Janeiro in Brasilien. Ich fahre viel mit dem Fahrrad oder treffe mich mit Freunden zum Kicken. In der Nähe gibt es zwei tolle Sportplätze. Zum Essen muss ich pünktlich zu Hause sein! Am liebsten mag ich Acarajé. Das sind frittierte Bällchen aus Bohnen. Meistens sind sie gefüllt, etwa mit Garnelen, Tomaten und Soße. Am Wochenende grillen wir meistens mit Freunden und der ganzen Verwandtschaft.

DEIN JOSÉ

Eine Stadt der Gegensätze: die ***Christus-Statue*** und der ***Zuckerhut***, steil an den Hang gebaute ***Favelas*** und ***Karneval*** in Rio mit ***Samba-Tänzerinnen***

Die Yanomami sind das größte indigene Volk im Amazonasgebiet. Da in der Region, in der sie leben, Gold zu finden ist, wurden viele von ihnen von Goldsuchern angegriffen. Heute sollen Schutzgebiete das verhindern.

Wichtige Exportprodukte Südamerikas sind Bananen, Kaffee, Kakao und Zuckerrohr. Die Bananen in unsere Läden stammen meist aus Ecuador oder Kolumbien.

In der Nähe von Ecuadors Hauptstadt Quito kannst du auf den Cotopaxi steigen. Mit rund 5900 m ist er einer der höchsten aktiven Vulkane der Erde.

Hoch in den peruanischen Anden liegt die einstige Inkafestung Machu Picchu. Weil die spanischen Eroberer im 16. Jahrhundert vergeblich nach ihr suchten, wird sie auch die »verlorene Stadt« genannt.

Der Titicacasee liegt auf einer Hochebene in den Anden ca. 3800 m über dem Meeresspiegel. Er ist damit der höchstgelegene schiffbare See der Welt.

Mitten im Südostpazifik liegt die Osterinsel. Sie gehört zu Chile. Auf der nur 25 km langen Insel stehen riesige Steinfiguren, die Moai. Über die Bedeutung dieser uralten Figuren wurde schon viel spekuliert.

In den Anden in Chile kannst du gut Sterne beobachten. Die Luft ist sehr rein, es gibt weder Luftströmungen noch störende Lichter einer Stadt. Deswegen hat die Europäische Südsternwarte hier vier große Sternwarten mit den leistungsfähigsten Teleskopen der Welt bauen lassen.

Auf dem *Titicacasee* in Peru lebt das indigene Volk der Uru auf rund 50 selbst gebauten schwimmenden Inseln aus Schilf.

Ein typisches Instrument in den südamerikanischen Anden ist die Panflöte. Röhrchen aus Holz oder Bambus sind der Länge nach aneinandergereiht. Da sie unterschiedlich lang sind, ergeben sie verschiedene Töne.

Tango heißt nicht nur ein Tanz, sondern auch die dazugehörige Musik. Tango wird heute auf der ganzen Welt getanzt. Doch ursprünglich kommt er aus Buenos Aires, der Hauptstadt Argentiniens.

Die Anden sind das längste Gebirge der Welt. Sie erstrecken sich von Venezuela bis nach Feuerland im Süden Chiles. Mehrere hundert Berge der Anden sind Vulkane, allerdings sind nur noch rund 50 davon aktiv.

TIERE DER USA

DER WEISSKOPFSEEADLER

Mit seinen scharfen Adleraugen kann ein Weißkopfseeadler einen Fisch aus großer Höhe im Wasser erspähen. Im Sturzflug macht er blitzschnell Beute. Seeadler ziehen ihre Jungen in großen Nestern auf Bäumen auf. Dabei vergrößern sie im Lauf der Jahre das Nest immer mehr, sodass es auch schon mal 4 m tief und 400 kg schwer werden kann.

DER BISON

Bis ins 19. Jahrhundert weideten über 60 Millionen Bisons in den Weiten der Prärie. Dann wurden sie von den Siedlern fast ausgerottet. Bisons werden heute nachgezüchtet und kleine Herden kannst du in verschiedenen Nationalparks bewundern.

DER STREIFENSKUNK

Wenn ein Streifenskunk vor dir seine Zähne fletscht und mit den Füßen auf den Boden stampft, dann flüchte, so schnell du kannst. Denn sonst spritzt er dir ein äußerst übel riechendes Sekret ins Gesicht. Selbst Pumas und Bären ergreifen vor dem Skunk die Flucht.

DER WAPITI-HIRSCH

Die scheuen Wapiti-Hirsche wirst du kaum zu Gesicht bekommen, da sie meistens nachts unterwegs sind. Gegen ihre natürlichen Feinde, den Wolf und den Luchs, verteidigen sie sich nicht mit dem großen Geweih, sondern durch Schläge mit den Vorderbeinen.

DIE SINGZIKADE

Periodische Zikaden können so laut zirpen wie ein Saxofon. Nur alle 13 oder 17 Jahre schlüpfen Milliarden dieser Insekten aus der Erde und bevölkern 10 Tage lang Teile der US-Ostküste. Nach der Eiablage sterben sie.

DER MISSISSIPPI-ALLIGATOR

In den Feuchtgebieten der USA musst du vorsichtig sein. Mississippi-Alligatoren liegen nahezu unsichtbar unter der Wasseroberfläche. Blitzschnell schießen sie aus dem Wasser, packen ihre Opfer mit ihren mächtigen Kiefern und zerren sie ins Wasser.

DIE KLAPPERSCHLANGE

An ihrem Schwanzende trägt die Klapperschlange eine Art Rassel. Wenn sie sich bedroht fühlt, rollt sie sich zusammen und rasselt mit ihrer Schwanzspitze. Mit dem lauten Klappern warnt sie ihre Feinde, bevor sie zubeißt. Wird man von einer Klapperschlange gebissen, braucht man schnell Hilfe.

DER PUMA

Aus dem Stand kann der Puma bis zu 5 m hoch springen und rettet sich so vor Verfolgern wie Wölfen auf einen Baum. Seiner Beute jagt der Puma nicht hinterher. Lieber lauert er ihr auf und springt ihr auf den Rücken, um sie mit einem Biss ins Genick zu töten.

TIERE IN MEXIKO

DER MONARCHFALTER

Jedes Jahr kehren Milliarden Monarchfalter aus ihren 4000 km entfernten Sommerquartieren in Nordamerika zurück und überwintern in den Bergwäldern von Mexiko. Wie ein orange-schwarzes Gewand überziehen sie die Bäume.

DIE ROTKNIEVOGELSPINNE

Die Vogelspinne ist an sich gar nicht so gefährlich, sie beißt eher im äußersten Notfall. Wird sie aber gereizt, streift sie mit ihren Beinen die Brennhaare am Hinterleib ab und schleudert sie dem Angreifer entgegen. Diese Haare verursachen beim Opfer eine starke Hautreizung.

DIE WÜSTENKRÖTENECHSE

Nähert man sich einer Wüstenkrötenechse, fällt sie zuerst in eine Schreckstarre, dann bläst sie sich kugelrund auf. Hilft das noch nicht, kann sie kleine Gefäße im Augenbereich zum Platzen bringen und das Blut mithilfe von Muskeln 1,5 m weit verspritzen.

PFLANZEN IN MITTEL- & SÜDAMERIKA

DER KAKAOBAUM

Der Kakaobaum gedeiht nur im tropischen Klima. Seine Früchte sehen wie Rugby-Bälle aus und wachsen direkt am Stamm oder an den großen Ästen des Baums. Aus den Samen, den Kakaobohnen, wird der leckere Kakao gewonnen.

DIE KARTOFFELPFLANZE

Pommes frites, Chips, Kartoffelbrei – all diese Speisen werden aus Kartoffeln gemacht. In Peru wachsen über 3000 Kartoffelsorten und unsere Kartoffeln stammen von verschiedenen peruanischen Ursorten ab.

DIE PASSIONSBLUME

Passionsblumen sind Kletterpflanzen, die mithilfe ihrer Ranken Büsche und Felsen bis in 5 m Höhe bedecken. Ihre Früchte, die Maracujas, kennst du vielleicht. Sie sind sehr schmackhaft und man kann auch Saft aus ihnen gewinnen.

DIE DARWIN-BAUMWOLLE

Du kannst die 3 m hohen Sträucher der Darwin-Baumwolle leicht an ihren langen, leuchtend gelben Blüten erkennen. Die weißen Baumwollfasern, die von den Samen freigesetzt werden, benutzen Vögel gerne zum Nestbau.

DIE RIESENSEEROSE

Das auf dem Wasser schwimmende Blatt der Riesenseerose misst bis zu 3 m. Ihre Blüten wechseln nach der ersten Nacht die Blütenfarbe von Weiß zu Rosa.

DIE WÜRGEFEIGE

Die Würgefeige wächst im Regenwald und gehört zu den Lianen. Mit ihren kräftigen Luftwurzeln umschlingt sie ihren Wirtsbaum immer enger und schnürt ihn mit der Zeit regelrecht ein.

DER FEIGENKAKTUS

Der Feigenkaktus ist eine Kulturpflanze der Azteken. Seine Früchte und jungen Triebe sind, wenn man die Dornen abstreift, essbar. Wusstest du, dass die Dornen der Kakteen umgewandelte Blätter sind?

DER WEIHNACHTSSTERN

Sicher kennst du den Weihnachtsstern mit seinen roten Hochblättern als Topfpflanze. In seiner südamerikanischen Heimat wächst er wild und wird bis zu 4 m hoch.

DIE QUINDIO-WACHSPALME

Bis zu 60 m hoch wächst die Quindio-Wachspalme im kolumbianischen Regenwald. Ihre Palmwedel werden für Palmsonntagsprozessionen verwendet und früher stellte man aus dem Wachs der Blätter Kerzen her.

DIE KÖNIGIN DER ANDEN

Die extrem seltene Königin der Anden wird über 100 Jahre alt. Sie blüht aber nur ein Mal, am Ende ihres Lebens, und stirbt danach ab. Ihr Blütenstand ist bis zu 8 m hoch und der längste der Welt.

TIERE IN ALASKA

DER NARWAL

Im Polarmeer bei Alaska lebt der seltene Narwal. Wegen seines bis zu 2,7 m langen Stoßzahns wird er auch als »Einhorn der See« bezeichnet. Diesen markanten Zahn setzen die Männchen beim Kampf um die Weibchen als Waffe ein.

DER GRIZZLY

In den kalten Wintermonaten hält der Grizzlybär in einer Erdhöhle Winterruhe. Darum muss er sich im Herbst eine dicke Fettschicht anfressen. Er ist ein Allesfresser, doch seine Leibspeise ist der Lachs. Auf der Jagd an Land wird er bis zu 60 km/h schnell.

DER ROTLACHS

Erwachsene Lachse leben einige Jahre im Meer. Zum Laichen kehren sie allerdings zu ihren Geburtsgewässern im Oberlauf der Flüsse zurück. Dabei kannst du beobachten, wie sie gegen den Strom schwimmend über Stromschnellen springen.

DAS WALROSS

Walrösser ernähren sich von Muscheln und Schnecken, die sie im Meer mit ihren Barthaaren ertasten. Mithilfe ihrer großen Eckzähne wuchten sie sich aus dem Wasser auf Eisschollen oder Felsen. Sie verteidigen damit auch ihre Jungen vor hungrigen Eisbären.

TIERE IN KANADA

DER ELCH

Die größte Hirschart der Erde ist der Elch. Sein massives Geweih kann eine Spannweite von 2 m erreichen. Er lebt in den nordischen Wäldern. Wasserpflanzen, Wurzeln von Seerosen und junge Baumtriebe von Weiden und Pappeln sind seine Leibspeise. Der Elch ist die einzige Hirschart, die unter Wasser äsen kann, weil er dabei einfach seine Nasenlöcher verschließt.

DER WASCHBÄR

Wie ein Bandit sieht der Waschbär mit seiner schwarzen Gesichtsmaske aus. Der Allesfresser betastet seine Nahrung sehr intensiv mit seinen Vorderpfoten. Sucht er Beute im Wasser, sieht es für uns so aus, als ob er sie wäscht. Er hat wenig Scheu vor Menschen, nistet sich auch mal in Dachböden ein und plündert gerne Mülltonnen.

DER ROTE KARDINAL

Das scharlachrote Federkleid der Männchen erinnert an die Robe eines Kardinals. Dieser Vogel ist sehr zutraulich, sodass du ihn mit der Hand füttern kannst. Er liebt alle möglichen Samenkörner, aber ernährt sich auch von kleinen Insekten. Im Winter erkennst du ihn in seinem roten Gewand besonders gut.

DER BIBER

Mit seinen kräftigen Schneidezähnen kann der Biber Bäume mit einem Durchmesser von fast 50 cm ohne große Anstrengung fällen. Die Stämme braucht er als Material für seine Dammbauten in Flüssen und Seen, in denen er mit seiner Familie lebt. Seine Nahrung sind junge Triebe, Blätter und Rinde.

PFLANZEN IN NORDAMERIKA

DER ZUCKERAHORN

Sicher kennst du den leckeren Ahornsirup. Der Pflanzensaft des Zuckerahorns wird durch vorsichtiges Anbohren des Baumstamms gewonnen und durch Kochen zu Sirup karamellisiert. Das herbstlich gefärbte Ahornblatt findest du in der kanadischen Flagge.

DIE AMERIKANISCHE ZITTERPAPPEL

Wenn du durch die Wälder Nordamerikas wanderst, hörst du oft ein ganz eigenes Rascheln und Rauschen. Die Blätter der Zitterpappel fangen selbst bei kleinster Windbewegung an zu »zittern«.

DIE SCHARLACH-ERDBEERE

Isst du gerne Erdbeeren? Die Scharlach-Erdbeere in den Wäldern Alaskas ist größer als die bei uns vorkommende Walderdbeere und eine der beiden Stammarten unserer Gartenerdbeere.

DIE KAPUZEN-FLECHTE

In den Wintermonaten ernähren sich Karibus von den Flechten, die an Bäumen wachsen. Die strauchige Kapuzen-Flechte wurde auch gerne von den indigenen Völkern Alaskas als Gewürz in Fischsuppen verwendet.

DER MESQUITE-STRAUCH

Die an die Wüste angepassten, immergrünen Mesquite-Sträucher können auch dort wachsen, wo andere Pflanzen wegen der Trockenheit keine Chance haben. Gegen Tierfraß sind sie durch fingerlange und sehr harte Dornen geschützt.

DIE SITKA-FICHTE

Wenn du Gitarre spielst, stammt das Holz für dein Musikinstrument vielleicht von einer Sitka-Fichte. Diese Fichte wächst sehr schnell, ist die größte Fichtenart und kann eine Höhe von gut 90 m erreichen.

DAS SCHMALBLÄTTRIGE WEIDENRÖSCHEN

Das Schmalblättrige Weidenröschen ist eine echte Pionierpflanze. In Nordamerika kannst du beobachten, wie es sich nach einem Waldbrand auf den freien Stellen rasant ausbreitet. Der »Haarschopf« der Samen bewirkt, dass diese sehr weit fliegen können.

DER SAGUARO-KAKTUS

Wie du weißt, sind Kakteen oft sehr dornig. Die Vögel in den südwestlichen Wüsten der USA nisten aus Mangel an Bäumen trotzdem auf den riesigen Saguaro-Kakteen, die bis zu 12 m hoch werden können.

DER KANADISCHE WASSERREIS

Für manche indigene nordamerikanische Völker ist der Kanadische Wasserreis weiterhin eine wichtige Einnahmequelle. Dieser Wildreis wird vielfach noch auf traditionelle Weise mit dem Kanu geerntet.

DER RIESEN-MAMMUTBAUM

Wenn du einen der größten immergrünen Riesen-Mammutbäume Amerikas umarmen willst, brauchst du viele Leute: Er hat immerhin einen Umfang von 31 m. Diese Bäume sind zum Teil über 2000 Jahre alt. Bei uns in Mitteleuropa werden sie gerne als winterharte Parkbäume angepflanzt.

TIERE IM TROPISCHEN REGENWALD

DIE ANAKONDA

Von einer Anakonda möchtest du nicht »umarmt« werden. Diese bis zu 9 m lange Schlange ist nicht giftig, aber durch Umschlingen erdrückt sie ihre Opfer. Sie ist eigentlich ein Wassertier, doch zum Sonnen und Trocknen hängt sie auch mal gerne auf Baumästen ab.

DAS FAULTIER

Ein Faultier kann nur ein Pflanzenfresser sein, denn es bewegt sich wie in Zeitlupe und wäre ein erfolgloser Jäger. Zum Schutz vor Feinden hat es eine etwas muffelige Tarnung: Durch sein Fell, auf dem verschiedene Algenarten wachsen, verschmilzt es mit der grünen Umgebung.

DER TOPASRUBIN-KOLIBRI

Wenn ein Kolibri mit seinem langen Schnabel den Nektar einer Blüte aufnimmt, siehst es aus, als ob er in der Luft stünde. Die Flügel dieser Kolibriart bewegen sich in Form einer 8. Der kleine Vogel kann sogar rückwärts und seitwärts fliegen.

DER BLAUE MORPHOFALTER

Die leuchtend blauen Flügeloberseiten des Blauen Morphofalters kommen nicht durch Farbpigmente in seinen Flügeln zustande, sondern durch die besondere Anordnung der Schuppen. Wenn Licht auf die Flügel fällt, wird so nur die blaue Farbe reflektiert.

DER BLAUE BAUMSTEIGER

Der Blaue Baumsteiger ist sehr gut an seiner buckligen Körperhaltung erkennbar. Mit seiner auffälligen Farbe schreckt er Fressfeinde ab. Über Hautdrüsen sondert er ein Gift ab, das ihn auch vor Pilz- und Bakterienbefall schützt.

DER HERKULESKÄFER

Das Männchen des Herkuleskäfers hat zwei beeindruckende Hörner am Kopf und gehört mit einer Körperlänge von bis zu 17 cm zu den Giganten unter den Käfern. Seine Hörner nutzt er als Zangen. Sie werden auch bei Kämpfen mit Rivalen eingesetzt.

DER BRÜLLAFFE

Im Urwald ist oft das laute Gebrüll von Brüllaffen zu hören. Diese Greifschwanzaffen hängen kopfüber, nur an ihrem Schwanz, im Baum und haben dadurch alle vier Gliedmaßen frei, um ihre Nahrung zu pflücken und zu fressen.

DER AMAZONAS-FLUSSDELFIN

Die Amazonas-Flussdelfine sind optimal an das Leben im schlammigen Flusswasser angepasst. Sie jagen ihre Beute per Echolotpeilung. Auf ihre Augen können sie sich im trüben Wasser nicht verlassen.

DER TUKAN

Der Schnabel des Tukans kann fast 20 cm lang und viermal größer als der Kopf sein. Da er hohl ist, wiegt er aber nur wenig. Mit ihm regelt der Vogel seine Körpertemperatur, indem er die Hitze in den Schnabel lenkt.

DER HOATZIN

Der Hoatzin wird auch Stinkvogel genannt, da er an Mundgeruch leidet. Das kommt daher, dass seine Verdauung größtenteils nicht im Magen, sondern mithilfe von Bakterien in seinem enorm vergrößerten Kropf stattfindet.

TIERE IN SÜDAMERIKA

DIE PAMPA

DER NANDU

Der Nandu ist flugunfähig, aber ein sehr schneller und wendiger Läufer. Vor seinen Feinden sprintet er im Zickzackkurs davon. Dabei hebt er die Flügel an und kann damit steuern, wenn er Haken schlägt.

DAS GÜRTELTIER

Der Geruchssinn spielt bei der Nahrungssuche der Gürteltiere eine wichtige Rolle. Deshalb haben sie auch immer die Nase am Boden. Fühlt sich ein Gürteltier bedroht, rollt es sich zu einer fest verschlossenen Kugel zusammen. Durch seinen Panzer aus Knochenschildchen ist es damit sehr gut geschützt.

DER AMEISENBÄR

Die Zunge des Ameisenbären wäre wahrscheinlich klasse zum Eisessen. Sie ist sehr beweglich und er kann sie fast 60 cm aus seiner spitzen Schnauze schnellen lassen. Der Ameisenbär holt damit Ameisen und Termiten aus ihren Bauten, die er mit seinen kräftigen Krallen aufbricht. Er verspeist pro Tag an die 35 000 Tiere.

DIE ANDEN

DAS GUANAKO

Das Guanako ist eine Kamelart und gilt als die Stammform, aus der das Lama gezüchtet wurde. Durch sein extragroßes Herz und sehr viele rote Blutkörperchen ist es gut an das Leben in der sauerstoffarmen Luft der Berge angepasst. Aufpassen sollte man, wenn man sich einem Guanako nähert: Wenn es sich erschreckt, fängt es an zu spucken.

DAS MEERSCHWEINCHEN

Meerschweinchen sind reine Pflanzenfresser und leben in selbst gegrabenen Höhlen, die in Höhen von über 4000 m liegen. In Südamerika werden sie auch heute noch als Nutztiere zum Verzehr gehalten.

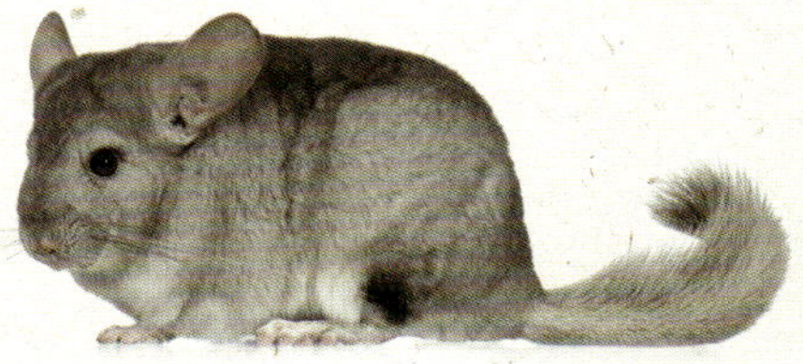

DAS CHINCHILLA

Auffällig ist das kuschelige Fell des Chinchillas. Wird das kleine Nagetier von einem Greifvogel angegriffen, kann es Teile seines Fells abwerfen. Zurück bleibt ein verblüffter Angreifer mit Fellstückchen, während das »halb nackte« Chinchilla flüchtet.

DER ANDENKONDOR

Für die indigenen Völker galt der Andenkondor als Bote der Götter. Er ist mit einer Flügelspannweite von bis zu 3,2 m der größte flugfähige Vogel Südamerikas. Mithilfe der Aufwinde in den Anden kann er eine unglaubliche Flughöhe von 7000 m erreichen.

DIE GALAPAGOSINSELN

DIE MEERECHSE

Die schwarzen Meerechsen erinnern an kleine Drachen. Doch sie sind sehr friedlich und ernähren sich von Algen, die sie im Meer abweiden. Das dabei aufgenommene Salzwasser blasen sie in einer Fontäne durch ihre Nase wieder aus.

DER GALAPAGOS-SEELÖWE

Schon von Weitem kannst du das »löwenartige« Gebrüll der Seelöwenmännchen hören. An Land kämpfen sie laut um die besten Plätze, stoßen Artgenossen ins Wasser und wälzen sich übereinander hinweg. Durchs Wasser flitzen sie dagegen elegant und verspielt.

DIE RIESENSCHILDKRÖTE

Die Riesenschildkröte kann bis zu 175 Jahre alt werden. Kämpfen die Männchen miteinander, strecken beide nur den Kopf so weit wie möglich nach oben. Derjenige, der den Kopf am höchsten streckt, hat gewonnen.

DER BLAUFUSS-TÖLPEL

Schau genau auf die blauen Füße des Männchens: Je intensiver das Blau, desto beliebter ist das Tier bei den Weibchen. Die Tölpel leben monogam: Sie bleiben ihr ganzes Leben lang bei einem Partner.

NATUR-GEWALTEN

Wenn ein Tornado wütet, die Erde bebt oder ein Vulkan ausbricht, dann spüren wir, wie viel Kraft die Natur hat. Werden bei einem gewaltigen Naturereignis Menschen verletzt, sogar getötet oder Städte zerstört, sprechen wir von einer »Naturkatastrophe«.

BEBEN, WIRBELSTÜRME & LAWINEN

Es gibt Naturkatastrophen, die durch Bewegungen in der äußersten Erdschicht ausgelöst werden, wie etwa Erdbeben oder Seebeben, Tsunamis oder Vulkanausbrüche. Andere Naturkatastrophen haben mit dem Wetter und Klima zu tun: heftige Unwetter, Orkane, Tornados und Wirbelstürme, Überschwemmungen und Hochwasser, Hagel und Eisregen, Sturm- und Springfluten sowie Waldbrände oder Dürren.

VOM MENSCHEN BEEINFLUSST

Für manche dieser Naturkatastrophen ist übrigens der Mensch verantwortlich. So können zum Beispiel Dürren entstehen, wenn zu viele Tiere zu lange auf einer Weide gehalten werden. Wir nennen das Überweidung. Fressen die Tiere die Pflanzendecke zu schnell ab, kann sich der Boden nicht mehr erholen und trocknet komplett aus. Andererseits können schwerwiegende Überschwemmungen auftreten, weil Menschen Flüsse für die Schifffahrt begradigt oder die natürliche Vegetation der Uferzonen zerstört haben. Bei starken Regenfällen kann der vielerorts betonierte Boden kein Wasser aufnehmen und die Flutgefahr steigt. Wetterextreme wie Hitzewellen, Dürren, Überschwemmungen oder Stürme hat es schon immer gegeben. Die Menschheit beeinflusst aber durch die Nutzung von Kohle und Erdöl, das Abholzen von Regenwäldern und die Viehzucht zunehmend das Klima und die Temperatur auf der Erde. Das Klima wandelt sich: In der jüngeren Zeit, besonders im letzten Jahrzehnt, traten Wetterextreme gehäuft auf. Auf der rechts abgebildeten Karte kannst du erkennen, wo welche Naturkatastrophen besonders häufig auftreten.

WIRBELSTURM

Zugbahn tropischer Wirbelstürme

Tornadogebiet

Bei einem Wirbelsturm drehen sich gewaltige Luftmassen im Kreis. Er entsteht über warmen Meeren in tropischen Regionen. Je nach Region heißt er Hurrikan, Taifun oder Zyklon. Tornados sind kleine schnelle Luftwirbel, die häufig in Verbindung mit schweren Gewittern auftreten.

ÜBERFLUTUNG

hochwassergefährdete Gebiete

Sturmflutgefahr

Wenn es extrem viel oder sehr lange regnet, treten die Flüsse über die Ufer und verursachen oft schwere Überflutungen und Hochwasserschäden. Hochwasser kann auch durch Sturmfluten entstehen, wobei Meerwasser an den Küsten von heftigen Stürmen an Land gedrückt wird.

DÜRRE

dürregefährdete Gebiete

Wenn es über einen längeren Zeitraum nicht regnet, trocknet der Boden aus. Solche Dürreperioden können verheerend für Mensch und Tier sein, da es nicht mehr genügend zu essen und zu trinken gibt. Trockene Regionen sind oft von Waldbränden bedroht, wobei ganze Landstriche zerstört werden.

ERDBEBEN

starke Erdbeben

stärkste Erdbeben

Wenn die gewaltigen Platten der Erdkruste aneinanderreiben, entlädt sich die Spannung in einem Erdbeben. Findet ein Beben unter dem Meeresboden statt, nennen wir es Seebeben. Die stärksten Beben treten rund um den Pazifik auf, im sogenannten Pazifischen Feuerring.

TSUNAMI

Tsunami-gefahr

Seebeben lösen mächtige Wellen aus, die sich unter der Wasseroberfläche ausbreiten. Erst an der Küste türmen sie sich zu riesigen Wasserbergen auf, die kilometerweit ins Land eindringen und mit ihrer gewaltigen Kraft alles zerstören. Solche zerstörerischen Riesenwellen heißen Tsunami – das bedeutet »große Welle im Hafen«.

VULKANAUSBRUCH

aktiver Vulkan

Im Erdinneren herrscht ein hoher Druck und es ist glühend heiß – so heiß, dass das Gestein (Magma) flüssig ist. Sind Druck und Hitze zu groß, bricht ein Vulkan aus und Magma strömt als glühende Lava aus dem Vulkanschlot. Gase und Asche werden in die Luft geschleudert.

AFRIKA

Afrika wird im Westen vom Atlantischen Ozean, im Osten vom Indischen Ozean und dem Roten Meer und im Norden vom Mittelmeer begrenzt. An der Straße von Gibraltar stößt der afrikanische Kontinent fast an den europäischen. Die schmale Meeresstraße wird schon seit Jahrtausenden für den Schiffsverkehr genutzt. Sie ist eine der meistbefahrenen Wasserstraßen der Welt. Vor der Südostküste im Indischen Ozean liegt Madagaskar, die einzige große Insel Afrikas. Nördlich von Madagaskar befinden sich die Seychellen. Dieser Inselstaat besteht aus vielen kleinen Koralleninseln vulkanischen Ursprungs. Perfekt zum Tauchen!

DREI GROSSE WÜSTEN

Afrika ist der wärmste Kontinent. Im größten Teil Afrikas ist es das ganze Jahr über sehr warm. In der Sahara im Norden können die Temperaturen sogar über 50 Grad Celsius klettern. Die Sahara ist die größte und heißeste Wüste der Welt. In Afrika gibt es noch zwei weitere große Wüsten: die Kalahari und die Namib im Südwesten des Kontinents. In den Wüstenregionen leben Tiere, die sich an die extreme Hitze und die Trockenheit angepasst haben, zum Beispiel Wüstenfüchse, Springmäuse sowie zahlreiche Insekten und Reptilien.

HEIMAT DER LÖWEN, ELEFANTEN UND GIRAFFEN

Ganz andere Lebensbedingungen haben die Tiere, die in den afrikanischen Savannen zu Hause sind. Neben vereinzelten Bäumen und Büschen wächst in der Savanne vor allem Gras, das zum Ende der Regenzeit üppig grün ist und genügend Nahrung bietet. Hier kannst du Büffel, Nashörner, Löwen, Giraffen oder Elefanten beobachten. Rings um den Äquator in West- und Zentralafrika herrscht tropisches Klima und es regnet sehr viel – ideale Bedingungen für tropische Regenwälder. Dort ist eine Fülle von Tier- und Pflanzenarten heimisch.

EIN ARMER, REICHER KONTINENT

Der afrikanische Erdteil besitzt zahlreiche Bodenschätze. Es gibt Gold- und Diamantenminen, im Norden wird außerdem Erdöl und Erdgas gefördert. Dennoch ist Afrika ein sehr armer Kontinent. Hunger, Bürgerkriege und Armut bestimmen den Alltag vieler Menschen dort. Sehr viele Menschen müssen ohne sauberes Trinkwasser auskommen. Ein großer Teil des afrikanischen Bodens ist nicht zu bewirtschaften. Und immer wieder gibt es verheerende Dürrekatastrophen.

EIN BUNTER KONTINENT

Afrika ist reich an Kulturen und Traditionen. Es gibt hier unzählig viele verschiedene Sprachen und Dialekte. Manche Sprachen werden nur von ganz wenigen Menschen gesprochen, andere dagegen von Millionen. Musik und Tanz gehören in Afrika zum täglichen Leben dazu. Eines der beliebtesten Musikinstrumente ist die Trommel. Viele afrikanische Länder sind für ihr Kunsthandwerk bekannt. Vielleicht hast du schon einmal eine aus Holz geschnitzte afrikanische Maske gesehen?

Die Tuareg leben in der Sahara und in der Sahelzone. Vor allem früher zogen sie als Nomaden umher und hielten Kamele und Ziegen. Heute sind viele Tuareg sesshaft geworden.

Die weltweit größte Trockenwüste – die Sahara – bedeckt fast ein Drittel des afrikanischen Kontinents. Stell dir eine vertrocknete, steinige Fläche vor, die etwa 26-mal so groß ist wie Deutschland!

Wie ein Spinnennetz durchziehen Handelswege die Sahara. Früher waren es Kamelkarawanen, die diese gigantische Weite durchquerten. Heute sind es meist hoffnungslos überladene Lkws.

Weißt du, wie Schokolade gemacht wird? Die Samen aus den Früchten des Kakaobaums werden geröstet. Kakaobäume wachsen unter anderem in Afrika an der Côte d'Ivoire. Dort wird weltweit am meisten Kakao geerntet.

DIE WIEGE DER MENSCHHEIT

Vor etwa 5 Millionen Jahren begann die Entwicklung der Menschen – und zwar in Afrika. Im Süden und Osten des Kontinents fand man rund 2 Millionen Jahre alte Knochenreste und Steinwerkzeuge. Die ersten Menschen lebten als Jäger und Sammler und wohnten in Höhlen. Auf die Felswände malten sie mit Naturfarben Bilder von Tieren und Menschen. Diese Höhlenmalereien kannst du dir heute noch anschauen! Später begannen die Menschen, Tiere zu hüten und Hirse anzubauen. Sie gründeten Dörfer und entwickelten eigene Kulturen.

DAS ÄGYPTISCHE REICH

Zu den ältesten Kulturen im nördlichen Afrika gehört das Reich der Ägypter, das vor etwa 5000 Jahren an den Ufern des Flusses Nil entstand. Die alten Ägypter bauten riesige und hoch komplizierte Pyramiden aus Stein, in denen sie ihre Könige bestatteten. Dank ihrer Bilderschrift, den Hieroglyphen, und ihrem Totenkult wissen wir heute sehr viel über die altägyptische Lebensweise. Wie die Kulturen der Inka, Maya und Azteken bezeichnen wir auch die fortschrittliche Kultur der Ägypter als Hochkultur.

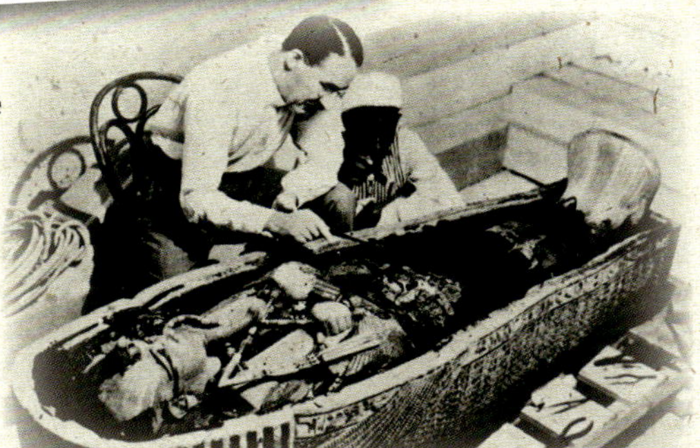

Der britische Ägyptologe ***Howard Carter*** wurde weltweit berühmt, als er die ***Totenmaske des Tutenchamun*** 1922 in dem fast unversehrten Grab des ägyptischen Pharaos entdeckte.

MENSCHENUNWÜRDIGER SKLAVENHANDEL

Im 15. Jahrhundert kamen europäische Seefahrer nach Afrika, zuerst um Wale zu fangen und Handel zu treiben. Das genügte den europäischen Staaten aber nicht. Sie nahmen den Einwohnern Afrikas nach und nach Land und Rechte, gründeten Handelsstützpunkte an den Küsten, sogenannte Kolonien, und verschifften hunderttausende Afrikaner als Sklaven in ihre Heimat. Ins Innere Afrikas wagten sich die Europäer vorerst nicht vor. Sie fürchteten die Sümpfe, Regenwälder und Wüsten.

AFRIKA WIRD AUSGEBEUTET

Als man Diamanten, Edelsteine und Gold entdeckte, begannen die europäischen Länder, Afrika unter sich aufzuteilen. Es gab nahezu kein Gebiet, das nicht von den Europäern besetzt und ausgebeutet wurde. Auch wenn heute alle Länder Afrikas unabhängig sind, kann man die Folgen dieser Ungerechtigkeiten vielerorts noch spüren, etwa in den zahlreichen Krisen- und Kriegsgebieten Afrikas. Auch die Sprachen der Kolonialmächte werden teilweise noch gesprochen.

Der schottische Missionar ***David Livingstone*** war einer der ersten Europäer, die sich 1853 ins Landesinnere von Afrika wagten. Er wollte die Afrikaner zum Christentum bekehren und den Sklavenhandel bekämpfen.

Auf seiner Reise entdeckte Livingstone die gewaltigen Wasserfälle des Flusses Sambesi. Zu Ehren der britischen Königin Victoria nannte er sie ***Victoria Falls***.

Wenn eine Tierart ausschließlich in einem ganz bestimmten Gebiet der Erde vorkommt, nennt man sie »endemisch«. Auf Madagaskar sind viele Tiere endemisch, zum Beispiel die Lemuren.

Westafrika gilt vielen als Wiege der modernen Musik: des Blues, des Reggae. Durch den Sklavenhandel wurden viele Angehörige afrikanischer Völker nach Amerika verschleppt. Sie nahmen ihre musikalischen Traditionen mit. Die Xalam oder Ngoni genannte Laute der Mandinka, Wolof, Fulas und Tukulors ist die Vorgängerin des amerikanischen Banjos.

Rund um den Brandberg in Namibia kannst du uralte Felsmalereien bestaunen. An verschiedenen Fundorten gibt es mehrere tausend Bilder. Viele zeigen Tiere wie etwa Giraffen, Antilopen oder Zebras.

Die Südspitze Afrikas zu umschiffen, war schon immer risikoreich. Denn die Windverhältnisse und die gefährlichen Klippen rund um das Kap der Guten Hoffnung sind unberechenbar. Zahlreiche Schiffe sind hier verunglückt und gesunken.

Der Ostafrikanische Graben (Rift Valley) ist eine riesige Erdspalte, die durch Dehnungsvorgänge in der Erdkruste entstand. Er ist heute teils mit Wasser gefüllt, unter anderem gibt es dort den sechstgrößten See der Welt, den Tanganjikasee.

In Afrika wird nicht nur Tee getrunken, sondern aus Afrika stammen auch viele weltweit bekannte Teesorten. Kenia ist zum Beispiel bekannt für den Anbau von Teepflanzen.

KLEINSTES LAND
SEYCHELLEN
⟷ 460 km²

GRÖSSTES LAND
ALGERIEN
⟷ 2,3 Mio. km²

GRÖSSTER SEE
VICTORIASEE
⟷ 69 000 km²

TIEFSTER SEE
TANGANJIKA-SEE
↕ 1470 m

HÖCHSTER BERG
KIBO
in Tansania
↕ 5895 m

HÖCHSTE SANDDÜNE
DÜNE 7 (BIG DADDY)
Namib-Wüste, Namibia
↕ 380 m

LÄNGSTER FLUSS
NIL
⟷ 6671 km

GRÖSSTE INSEL
MADAGASKAR
⟷ 581 795 km²

54 STAATEN

ca. 30,3 Mio. km² | ca. 1,38 Milliarden

S. 88–89 NÖRDLICHES AFRIKA:

Ägypten, Algerien, Äthiopien, Benin, Burkina Faso, Dschibuti, Côte d'Ivoire, Eritrea, Gambia, Ghana, Guinea, Guinea-Bissau, Kamerun, Kap Verde, Liberia, Libyen, Mali, Marokko, Mauretanien, Niger, Nigeria, Senegal, Sierra Leone, Somalia, Sudan, Südsudan, Togo, Tschad, Tunesien, Zentralafrikanische Republik

S. 90–91 SÜDLICHES AFRIKA:

Angola, Äquatorialguinea, Botsuana, Burundi, Demokratische Republik Kongo, Gabun, Kenia, Komoren, Lesotho, Madagaskar, Malawi, Mauritius, Mosambik, Namibia, Republik Kongo, Ruanda, Sambia, São Tomé und Príncipe, Seychellen, Simbabwe, Südafrika, Eswatini, Tansania, Uganda

Das einzige noch existierende der sieben (alten) Weltwunder: Die Pyramiden von Gizeh gibt es seit ca. 5000 Jahren. Tausende von Menschen mussten damals jahrelang am Bau dieser riesigen Pharaonengräber arbeiten.

Aus Afrika stammen viele weltweit bekannte Kaffeesorten. Kaffeebohnen sind die Samen aus den Früchten der Kaffeepflanze. Aus den gerösteten und gemahlenen Bohnen wird Kaffeepulver hergestellt.

An der Grenze Tansanias zu Kenia befindet sich der Kilimandscharo. Er ist das höchste Bergmassiv Afrikas. Der Kibo ist mit 5895 m der höchste Gipfel.

ÄGYPTEN
- Kairo
- 995 450 km²
- ca. 107,8 Mio.
- Arabisch

ALGERIEN
- Algier
- 2,3 Mio. km²
- ca. 44,2 Mio.
- Arabisch

BENIN
- Porto-Novo
- 112 760 km²
- ca. 13,8 Mio.
- Französisch

GUINEA
- Conakry
- 245 720 km²
- ca. 13,2 Mio.
- Französisch

KAMERUN
- Yaoundé
- 472 710 km²
- ca. 29,9 Mio.
- Französisch, Englisch

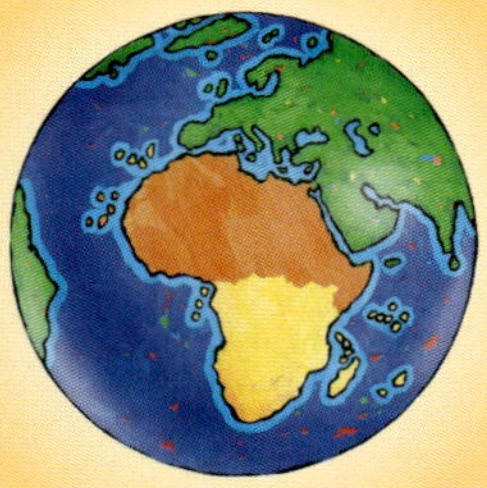

ÄTHIOPIEN
- Addis Abeba
- 1 Mio. km²
- ca. 113,7 Mio.
- Amharisch

BURKINA FASO
- Ouagadougou
- 273 600 km²
- ca. 21,9 Mio.
- Französisch

GUINEA-BISSAU
- Bissau
- 28 120 km²
- ca. 2 Mio.
- Portugiesisch

KAP VERDE
- Praia
- 4030 km²
- ca. 596 700
- Portugiesisch

NÖRDLICHES AFRIKA

Im nördlichen Afrika befindet sich die größte Trockenwüste der Erde: die Sahara. Länder wie Algerien, Libyen und Ägypten bestehen fast nur aus Felsen, Geröll und Sand. Die Menschen dort wohnen meist an der Küste, an Flussläufen oder in Oasen. Das Grundwasser, das die Oasen speist, stammt aus Zeiten, in denen dort ein feuchteres Klima herrschte.

SAVANNEN UND REGENWÄLER

Je weiter du dich der Mitte Afrikas und dem Äquator näherst, desto grüner wird das Land. An die Sahara schließen sich weitläufige Graslandschaften an, die afrikanischen Savannen. Auf die Savannen folgen tropische Regenwälder. In diesen Landschaften herrscht ein ganz unterschiedliches Klima. Dennoch gibt es fast überall nur zwei Jahreszeiten: Regen- und Trockenzeit.

HOHE BERGE, LANGE FLÜSSE

In Nordwestafrika zieht sich das mächtige Atlasgebirge durch Marokko, Algerien und Tunesien. Die höchsten Gipfel des Gebirges sind im Winter mit Schnee bedeckt. Durch Afrika fließen auch gewaltige Ströme. Der Nil ist mit 6671 km sogar der längste Fluss der Erde. Er versorgt Ägypten, den Sudan, Äthiopien, den Südsudan, Uganda und weitere Länder mit Wasser. An beiden Seiten des Nils verläuft ein langes, schmales und sehr fruchtbares Band: das Niltal. Hier leben besonders viele Menschen.

DSCHIBUTI
- Dschibuti
- 23 180 km²
- ca. 957 300
- Arabisch, Französisch

CÔTE D'IVOIRE
- Yamoussoukro
- 318 000 km²
- ca. 28,7 Mio.
- Französisch

ERITREA
- Asmara
- 101 000 km²
- ca. 6,2 Mio.
- Tigrinisch, Arabisch

GAMBIA
- Banjul
- 10 120 km²
- ca. 2,4 Mio.
- Englisch

GHANA
- Accra
- 227 540 km²
- ca. 33,1 Mio
- Englisch

Mitten in der Wüste Sahara in Algerien liegt das Tal von M'zab. Dort sind bereits vor über 1000 Jahren mehrere Oasen-Städte entstanden, die sich teilweise bis heute kaum verändert haben.

In Fès in Marokko kannst du eine traditionelle Färberei und Gerberei besuchen. In etwa 1 m tiefen, runden Bottichen werden Stoffe gefärbt und Tierhäute gegerbt. Allerdings stinkt die ganze Angelegenheit ziemlich!

Akwaaba! Ich heiße Akua, bin 10 Jahre alt und wohne in einem Dorf in Ghana. Akua bedeutet »an einem Mittwoch geboren«! Neben unserem Dorf ist eine Kakaoplantage. Die Früchte des Kakaobaums sind ziemlich groß und haben eine harte Schale. Darin sind die Kakaobohnen, aus denen Schokolade hergestellt wird. Bei uns gibt es nachher Fleisch mit Fufu. Das ist ein Brei aus Yamswurzeln und Kochbananen.

DEINE AKUA

LIBERIA
Monrovia
96 320 km^2
ca. 5,4 Mio.
Englisch

MALI
Bamako
1,2 Mio. km^2
ca. 20,7 Mio.
Französisch

MAURETANIEN
Nouakchott
1 Mio. km^2
ca. 4,2 Mio.
Arabisch

NIGERIA
Abuja
910 770 km^2
ca. 225,1 Mio.
Englisch

SOMALIA
Mogadischu
627 340 km^2
ca. 12,4 Mio.
Somali, Arabisch

LIBYEN
Tripolis
1,7 Mio. km^2
ca. 7,1 Mio.
Arabisch

MAROKKO
INKLUSIVE WESTSAHARA
Rabat
716 550 km^2
ca. 36,7 Mio.
Arabisch, Tamazight

NIGER
Niamey
1,2 Mio. km^2
ca. 24,5 Mio.
Französisch

SENEGAL
Dakar
192 530 km^2
ca. 17,9 Mio.
Französisch

SUDAN
Khartum
1,8 Mio. km^2
ca. 47,9 Mio.
Arabisch, Englisch

SIERRA LEONE
Freetown
72 180 km^2
ca. 8,7 Mio.
Englisch

SÜDSUDAN
Juba
619 000 km^2
ca. 11,5 Mio.
Arabisch, Englisch

Karthago war eine See- und Handelsmacht im Norden von Afrika. Die Karthager beherrschten auch Teile von Italien. Sie hatten sehr moderne Schiffe. Heute kann man in Tunesien die Ruinen dieser Stadt bestaunen.

350 Pyramiden stehen im Sudan, 200 davon allein in Meroe. Das war vor 2000 Jahren die Hauptstadt des Königreichs Kusch und befand sich direkt am Nil. Unter den Pyramiden lagen Gräber der Könige.

In vielen Teilen Afrikas gibt es auf dem Land Dörfer mit kreisförmigem Grundriss. Sie sind aus natürlichen Materialien gebaut, etwa aus Stroh, Holz und Lehm.

Grundlage jeder Mahlzeit in Äthiopien und Eritrea ist Injera, ein Sauerteigfladen aus den Körnern des Süßgrases Teff. Mithilfe des Fladens nimmst du Soße und Gemüse in die Hand. Einen eigenen Teller brauchst du nicht. Eine Platte Injera wird mit Freunden geteilt.

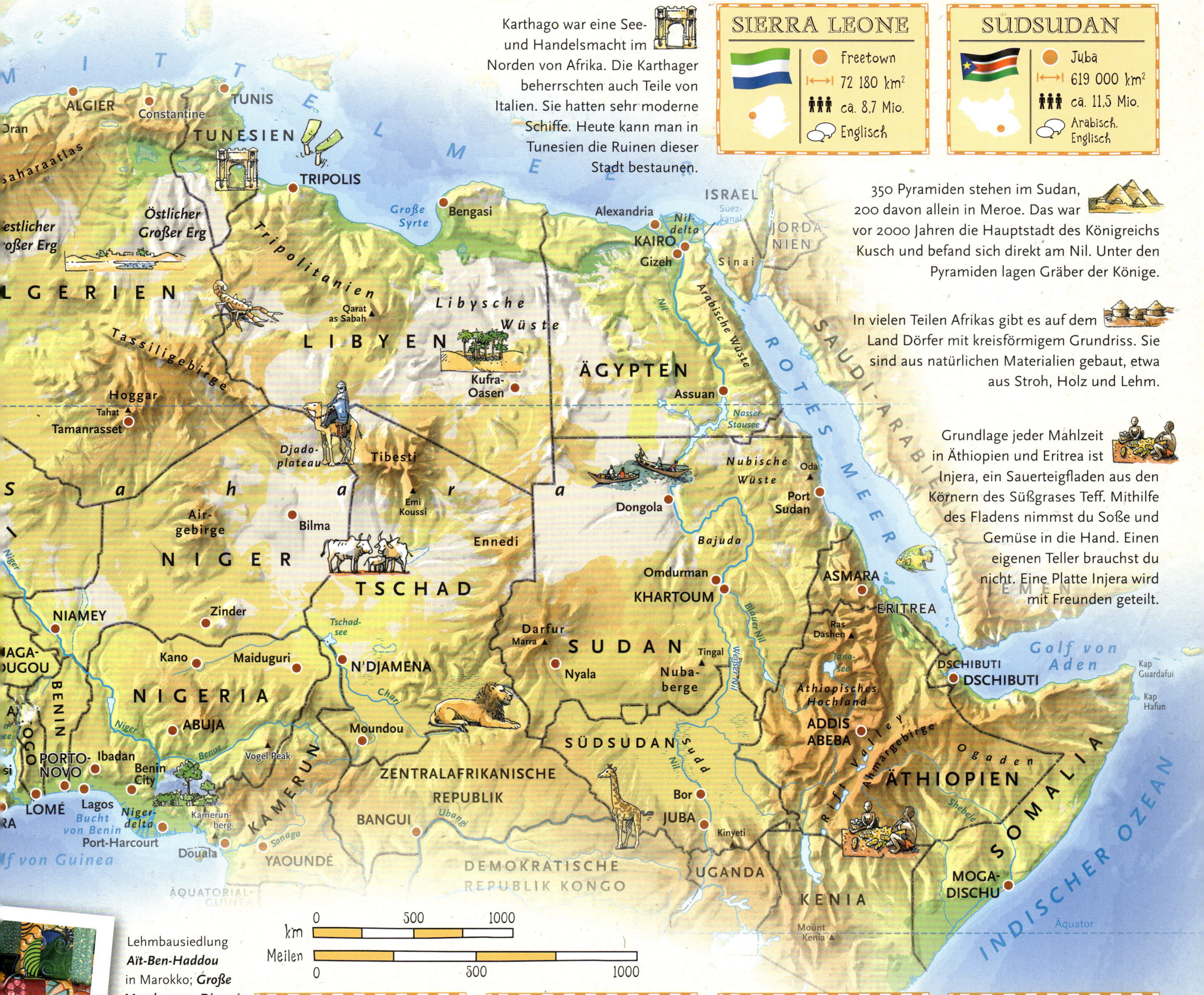

Lehmbausiedlung ***Aït-Ben-Haddou*** in Marokko; ***Große Moschee von Djenné*** in Mali; typisch afrikanische ***Stoffe***; Dorf in ***Äthiopien***; Markt in ***Benin***

TOGO
Lomé
54 390 km^2
ca. 8,5 Mio.
Französisch, Ewe, Kabye

TSCHAD
N'Djamena
1,2 Mio. km^2
ca. 17,9 Mio.
Arabisch, Französisch

TUNESIEN
Tunis
155 360 km^2
ca. 11,9 Mio.
Arabisch

ZENTRALAFRIKANISCHE REPUBLIK
Bangui
622 980 km^2
ca. 5,5 Mio.
Sangho, Französisch

SÜDLICHES AFRIKA

Das südliche Afrika ist ein Gebiet voller Gegensätze: Es gibt heiße Wüsten wie die Namib und die Kalahari im Südwesten, große Seen im Osten und tropische Regenwälder im Nordwesten, die vom Kongo und seinen Nebenflüssen durchzogen werden. Die meiste Zeit des Jahres ist es warm und sonnig. Es herrschen Trocken- und Regenzeiten. Auf der Südhalbkugel sind die Jahreszeiten entgegengesetzt zu den unseren: Wenn in Südafrika Winter ist, haben wir Sommer.

ÜPPIGE REGENWÄLDER UND DÜRREN

Fast die Hälfte aller Tier- und Pflanzenarten der Erde kommt im afrikanischen Regenwald vor. Entlang der vielen Wasserwege des Kongobeckens leben Krokodile und Flusspferde. Das dichte Laubdach der Tropen bietet Schutz für Okapis, Bonobos und Berggorillas. Doch zahlreiche Tiere und Pflanzen sind bedroht, weil die Menschen weite Teile des Regenwalds abholzen, um das Holz zu verkaufen und Felder für die Landwirtschaft zu gewinnen. In verschiedenen Teilen Afrikas kommt es immer wieder zu schwerwiegenden Naturkatastrophen wie Dürren und Überschwemmungen, die große Teile der Ernte vernichten. Darum sind viele Menschen von Hunger bedroht.

URALTE KULTUR

Afrika war der erste von Menschen besiedelte Kontinent. Hier liegt auch die Wiege unserer Kultur. Die älteste bekannte Zeichnung von Menschenhand fanden Forscher in der südafrikanischen Blombos-Höhle. Der verzierte Stein ist stattliche 73 000 Jahre alt. Untersuchungen des Bodens der Höhle Panga ya Saidi in der Küstenregion Kenias brachten geschnitzte Knochen, bearbeiteten Ocker sowie 65 000 Jahre alte Schmuckstücke aus Meeresschnecken ans Tageslicht. Noch viel älter ist der ebenfalls in Kenia gefundene Faustkeil, ein Werkzeug unserer Vorfahren.

Jambo! Ich heiße Simba, bin 10 Jahre alt und lebe auf der Insel Unguja vor Tansania. Der Boden hier ist sehr fruchtbar. Auf unserer Farm bauen wir Gewürze wie Zimt, Muskat und Ingwer an. Zimt ist ein Stück Rinde vom Zimtbaum. Muskat sieht aus wie eine Nuss und Ingwer ist eine Wurzel, die ziemlich scharf schmeckt. Beim Mahlen der Gewürze helfe ich mit. Danach verkaufen wir sie auf dem Markt. Hier wachsen auch Kochbananen und Süßkartoffeln, daraus kann man leckere Gerichte machen – und Chips!

DEIN SIMBA

Die bekannteste traditionelle Volksgruppe in Kenia sind die Massai. Sie leben als Hirten und ziehen mit ihren Rindern von Ort zu Ort. Männer wie Frauen tragen oft auffälligen Hals- und Ohrschmuck.

Entlang des Ostafrikanischen Grabens liegen die gefährlichsten Vulkane Afrikas, auch der 3470 m hohe Nyiragongo. Im Krater des Vulkans im Osten der Demokratischen Republik Kongo brodelt der größte Lavasee der Welt.

Mauritius ist ein Inselstaat im Osten von Madagaskar. Doch was ist die Blaue oder die Rote Mauritius? Das sind weltweit berühmte, sehr seltene und wertvolle Briefmarken aus Mauritius, die 1847 gedruckt wurden.

Das Volk der San lebt im südlichen Afrika. Wie ihre Vorfahren ziehen die San teilweise immer noch als nomadische Jäger und Sammler durch die Wüste Kalahari. Viele arbeiten heute jedoch auch auf Farmen.

In den Nationalparks kannst du Löwen, Elefanten, Antilopen, Nashörner und Giraffen aus nächster Nähe beobachten, etwa im Etosha-Nationalpark in Namibia. Vor allem an den Wasserstellen versammeln sich viele Tiere.

Mitten in Südafrika kannst du eines der größten von Menschenhand gegrabenen Löcher besuchen: The Big Hole. Es ist mehrere hundert Meter tief und war früher eine riesige Diamantenmine.

Die Inseln des Sansibar-Archipels wurden früher auch Gewürzinseln genannt.

ANGOLA
Luanda
1,2 Mio. km²
ca. 34,8 Mio.
Portugiesisch

ÄQUATORIALGUINEA
Malabo
28 050 km²
ca. 1,7 Mio.
Span., Franz., Portugiesisch

BOTSUANA
Gaborone
566 730 km²
ca. 2,4 Mio.
Setswana, Englisch

BURUNDI
Gitega
25 680 km²
ca. 12,7 Mio.
Kirundi, Französisch

DEM. REPUBLIK KONGO
Kinshasa
2,2 Mio. km²
ca. 108,4 Mio.
Französisch

GABUN
Libreville
257 670 km²
ca. 2,3 Mio.
Französisch

KENIA
Nairobi
569 140 km²
ca. 55,9 Mio.
Kisuaheli, Englisch

KOMOREN
Moroni
1861 km²
ca. 876 400
Komorisch, Franz., Arabisch

LESOTHO
Maseru
30 360 km²
ca. 2,2 Mio.
Sesotho, Englisch

MADAGASKAR
Antananarivo
581 795 km²
ca. 28,2 Mio.
Malagasy, Französisch

MALAWI
Lilongwe
94 280 km²
ca. 20,8 Mio.
Chichewa, Englisch

MAURITIUS
Port Louis
2030 km²
ca. 1,3 Mio.
Englisch

MOSAMBIK
Maputo
786 380 km²
ca. 31,7 Mio.
Portugiesisch

NAMIBIA
Windhuk
823 290 km²
ca. 2,7 Mio.
Englisch

REPUBLIK KONGO
Brazzaville
341 500 km²
ca. 5,6 Mio.
Französisch

RUANDA
Kigali
24 670 km²
ca. 13,2 Mio.
Kinyarwanda, Franz., Englisch

SAMBIA
Lusaka
743 390 km²
ca. 19,6 Mio.
Englisch

SÃO TOMÉ & PRÍNCIPE
São Tomé
960 km²
ca. 217 160
Portugiesisch

SEYCHELLEN
Victoria
460 km²
ca. 97 020
Seychellenkreol, Englisch, Franz.

SIMBABWE
Harare
386 850 km²
ca. 15,1 Mio.
Englisch, Shona, Ndebele

SÜDAFRIKA
Pretoria
1,2 Mio. km²
ca. 59,6 Mio.
Afrikaans, Zulu, Englisch u. a.

ESWATINI
Mbabane
17 200 km²
ca. 1,1 Mio.
siSwati, Englisch

TANSANIA
Dodoma
885 800 km²
ca. 63,9 Mio.
Kisuaheli, Englisch

UGANDA
Kampala
199 810 km²
ca. 46,2 Mio.
Kisuaheli, Englisch

TIERE MADAGASKARS

DER MADAGASKAR-BUNTFROSCH

Die Buntfrösche gibt es nur auf Madagaskar. Sie sehen aus, als hätten sie ein Clownskostüm an. Mit den bunten Farben signalisieren sie möglichen Fressfeinden, dass sie über die Haut ein Gift absondern.

DER KOMETENFALTER

Das Auffälligste an einem Kometenfalter sind seine Hinterflügel mit den langen, löffelartig ausgezogenen Fortsätzen. Dadurch ist der Nachtfalter bis zu 25 cm lang.

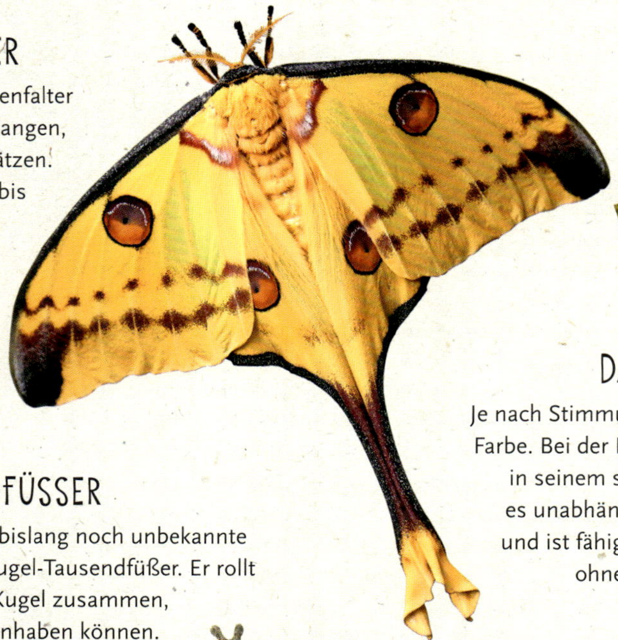

DAS PANTHER-CHAMÄLEON

Je nach Stimmungslage ändert das Chamäleon seine Farbe. Bei der Brautwerbung schillert das Männchen in seinem schönsten Gewand. Seine Augen kann es unabhängig voneinander um 340 Grad drehen und ist fähig, bis zu 1000 m weit scharf zu sehen, ohne dafür den Kopf bewegen zu müssen.

DER RIESENKUGEL-TAUSENDFÜSSER

Auf Madagaskar werden immer wieder bislang noch unbekannte Tierarten entdeckt. Eine ist der Riesenkugel-Tausendfüßer. Er rollt sich so fest zu einer apfelsinengroßen Kugel zusammen, dass ihm mögliche Fressfeinde nichts anhaben können.

DER BLATTSCHWANZGECKO

Selbst wenn du genau hinsiehst, ist es schwer, den Gecko zu erkennen. Der blattähnliche Schwanz und seine Tarnfarben, die er je nach Umgebung wechseln kann, lassen ihn fast vollständig mit dem Untergrund verschmelzen.

DER STREIFENTANREK

Ein Streifentanrek kann mit seinen steifen Borsten, die er wie eine Halskrause trägt, ganz schön piksen. Sie dienen seiner Verteidigung. Mit seiner spitzen, langen Nase erschnüffelt er im Erdreich oder unter Blättern Regenwürmer, seine Lieblingsspeise.

LEMUREN

Die nur auf Madagaskar vorkommenden Lemuren konnten eine erstaunliche Vielfalt entwickeln. Etwa 100 Arten leben sowohl in feuchten Regen- als auch in ausgetrockneten Dornenwäldern.

DER KATTA

Kattas erkennst du am geringelten Schwanz. Den streifen sie unter ihren Achselhöhlen durch, um ihn mit stark riechenden Sekreten einzureiben. Die Männchen klären mit diesem Geruchswettkampf ihre Rangordnung. Oft sonnen sich die Kattas im Lotussitz mit ausgebreiteten Armen.

DAS MAUSMAKI

Die kleinste Lemurenart verfällt in eine Art Winterschlaf, wenn es zu wenig Nahrung gibt, zu kalt oder zu trocken ist. Dabei spart das Mausmaki durch den verlangsamten Stoffwechsel Energie.

DAS AYE-AYE

Unter den Lemuren ist das Aye-Aye der nachtaktive »Specht«. Mit seinem langen und sehr gelenkigen Mittelfinger klopft es an Bäume und lauscht nach holzbohrenden Larven unter der Borke. Diese pult es dann mit dem dünnen Finger unter der Rinde hervor.

BIG FIVE

Als Big Five (die »Großen Fünf«) bezeichneten früher Großwildjäger diese fünf Tiere der afrikanischen Savanne. Das »big« stand für die Schwierigkeit und die Gefahr bei der Jagd auf die Tiere. Heute sind die »Big Five« eine Attraktion für Touristen.

DER LEOPARD

Anschleichen oder Lauern, der Leopard nutzt beide Strategien, um zu jagen. Im Sprint auf die Beute erreicht er etwa 60 km/h.

DIE MAULBEERFEIGE

Kein anderer afrikanischer Baum ernährt so viele Tiere wie die Maulbeerfeige! Affen, Elefanten, Giraffen, Flughunde, über 100 verschiedene Vogelarten und unzählige Insekten naschen von seinen Früchten.

DER KAPOKBAUM

Den Kapokbaum kannst du leicht an seinen meterhohen, faltenartigen Brettwurzeln erkennen, die für besseren Halt im Boden sorgen. Mit fast 75 m Höhe gehört er zu den Urwaldriesen. Der Stamm ist in den ersten Jahren zum Schutz mit spitzen, kegelförmigen Stacheln übersät.

PFLANZEN IM REGENWALD

DIE FÄCHERPALME

Die gefiederten Blätter der Fächerpalme werden 25 m lang und halten den Größenrekord in der Pflanzenwelt. Aus den Fiederblättern werden Fasern gewonnen, die zu Flechtkörben und Seilen verarbeitet werden.

DER NESTFARN

Der Nestfarn ist eine typische Aufsitzerpflanze, die auf Bäumen wächst und so der Dunkelheit am Boden des tropischen Regenwalds entgeht. Mit seiner trichterförmigen Blattkrone sammelt der Farn Wasser und wichtige Nährstoffe aus abgestorbenen Pflanzenresten.

DIE KANNENPFLANZE

Weißt du, dass es fleischfressende Pflanzen gibt? Diese Kannenpflanze gehört dazu. Durch ihren Nektar lockt sie Ameisen an, die am glatten Rand der Kanne den Halt verlieren und hineinfallen. Dort werden sie durch Säuren und Enzyme verdaut.

DIE MADAGASKARPALME

Die Madagaskarpalme hat mit den Palmen eigentlich nichts zu tun. Sie ist eine sukkulente Pflanze. Das sind Pflanzen, die in ihren Blättern, den Wurzeln oder in ihrem Stamm Wasser speichern. Madagaskarpalmen sind bei uns beliebte Zimmerpflanzen.

PFLANZEN IN MADAGASKAR

DER STERN VON MADAGASKAR

Die Orchidee »Stern von Madagaskar« wird bis zu 1 m hoch. Ihre Blüte hat einen auffallenden, 30 cm langen Sporn, in dessen Unterteil der Nektar produziert wird. Auf diese Blüte hat sich ein Nachtfalter mit einem extrem langen Rüssel spezialisiert. Nur er schafft es, an den Nektar zu kommen. Dabei bestäubt er auch gleichzeitig die Blüte.

DER BAUM DER REISENDEN

Vielleicht erinnert dich der Baum der Reisenden an einen riesigen Fächer. In seinen Blattachseln sammelt sich Wasser an, das theoretisch Reisende trinken könnten. Die großen Blätter benutzen die Madagassen für ihre Hüttendächer. Die Pflanze ist der Wappenbaum Madagaskars und schmückt auch das Logo der Air Madagascar, einer Fluggesellschaft.

DER FLAMMENBAUM

Wenn der Flammenbaum blüht, glaubst du fast, er stünde wirklich in Flammen, da seine unzähligen großen Blüten feuerrot leuchten. In den Tropen und Subtropen wird der Baum gern als Ziergehölz und als Alleebaum genutzt, weil er angenehmen Schatten spendet.

TIERE IN NORDAFRIKA

DER SKARABÄUS

Der Pillendreher formt aus dem Kot anderer Tiere eine Kugel, die er mit seinen Hinterbeinen rückwärtslaufend an eine geschützte Stelle rollt. Das Weibchen legt Eier in die Kugel und der Käfer gräbt sie ein. Die geschlüpften Larven ernähren sich dann von dem Dung. Im alten Ägypten galt der Käfer als Symbol für die Auferstehung.

DER ÄGYPTISCHE SCHMUTZGEIER

Der Schmutzgeier ernährt sich vor allem von Aas, aber auch von Abfällen und Fäkalien – daher sein Name. Um Eier zu öffnen, benutzt er Steine, die er aus der Luft auf das Ei fallen lässt.

DIE SANDKATZE

Diese kleine Katze ist durch ihre Farbe perfekt getarnt. Sie kann sich mit ihrem abgeflachten Kopf und den seitlich abstehenden Ohren so flach auf den Boden legen, dass du sie nicht mehr sehen kannst. So lauert sie auf ihre Opfer. In der Wüste deckt sie ihren Wasserbedarf allein durch den Verzehr ihrer Beute.

DAS DROMEDAR

Ein Dromedar hat es viel leichter, in der Wüste zu überleben, als du: Sein Höcker dient als Fett- und Energiespeicher, es kann viel Wasser im Körper einlagern und kommt bis zu 17 Tage ohne zu trinken aus. Seine langen Wimpern und verschließbaren Nüstern schützen vor dem Flugsand. Das Dromedar gehört wie das Trampeltier in Asien zu den Kamelen. Seit Jahrhunderten wird es vom Menschen als Last- und Reittier genutzt.

DIE GROSSE WÜSTENSPRINGMAUS

Wüstenspringmäuse wirst du selten in der freien Natur sehen. Sie sind nachtaktiv und verschlafen tagsüber die große Hitze in ihren Erdbauten. Diese sind weitverzweigt und haben Schlafkammern, Vorratskammern und mehrere Fluchtwege.

TIERE IN DER SAHARA

DIE WÜSTEN-HORNVIPER

Wüsten-Hornvipern können sich erstaunlich schnell durch seitliches Winden im lockeren Sand fortbewegen. Ihre typischen Spuren erkennt man im Wüstensand in Form parallel zueinander angeordneter, aber versetzt stehender Streifen.

DER FENNEK

Wie Schalltrichter fangen die großen Ohren des Wüstenfuchses jedes Geräusch auf und helfen beim Aufspüren der Beutetiere. Gleichzeitig dienen sie als Klimaanlage, da der Fuchs über ihre große Oberfläche überschüssige Hitze abgeben kann.

DIE MENDESANTILOPE

Perfekt ausgerüstet für das Leben in der Sahara: Mendesantilopen haben breite, spreizbare Hufe, damit sie nicht im Sand versinken. Sie können auf 200 km Entfernung Regen wittern und unterirdische Wasseradern aufspüren.

DER SAHARA-DICKSCHWANZSKORPION

Fühlen Skorpione sich bedroht, erheben sie ihren Hinterleib und richten den deutlich sichtbaren Stachel nach vorne. Wer von einem Dickschwanzskorpion gestochen wird, braucht schnell Hilfe, denn er ist sehr giftig.

DIE DORNSCHWANZAGAME

In ihrem stacheligen Schwanz, der fast ein Drittel ihrer Körperlänge ausmacht, speichern die Dornschwanzagamen Wasser. In den kühlen Morgenstunden ist ihre Haut dunkel gefärbt, um Sonnenwärme aufzunehmen. Im Lauf des Tages wird die Haut dann immer heller.

PFLANZEN IN NORDAFRIKA

DIE DATTELPALME

Isst du gerne zuckersüße Datteln? Die Dattelpalme ist schon seit 8000 Jahren eine Nutzpflanze in den nördlichen Wüstenländern Afrikas. Je heißer die Sonne scheint und je trockener es ist, desto höher werden die Stämme und süßer die Früchte.

DIE ECHTE ROSE VON JERICHO

In den nordafrikanischen Wüsten findet man oft die abgestorbene Pflanze der Echten Rose von Jericho, die sich kugelförmig zusammenrollt. In ihrem Inneren liegen geschützt die Samen, die bei einem kräftigen Regenguss sofort keimen und sich zu einer neuen Wüstenrose entwickeln.

DIE SCHIRMAKAZIE

Stell dir ein Haus mit 13 Stockwerken vor, das entspricht ungefähr 40 m Höhe. So weit treibt die Schirmakazie ihre Wurzeln in den Boden, um ans Grundwasser zu gelangen. Gegen Wildfraß versucht sie sich mit 6 cm langen, spitzen Dornen und bitter schmeckenden Gerbstoffen zu schützen.

DER ARGANBAUM

Der Arganbaum ist einer der ältesten Bäume der Welt. Mithilfe der bis zu 30 m langen Wurzeln, die bis ins Grundwasser reichen, kann er in der Wüste Trockenheit und Temperaturen bis über 50 °C überstehen. Trotz seiner Dornen klettern Ziegen gerne auf den Baum und fressen die Blätter und Früchte.

PFLANZEN DER SAHARA

DER BITTERKÜRBIS

Bitterkürbisse wachsen flach auf Sandböden. Ihre Blätter sind behaart und die Pflanzen schützen sich vor Fressfeinden durch intensive Bitterstoffe. Selbst Kamele verschmähen die Kürbisfrüchte.

DIE TAMARISKE

Kein anderer Baum hat so eine hohe Salztoleranz und kann auch auf Salzböden in ausgetrockneten Seen oder Flussläufen in der Sahara wachsen. Das Salz wird über spezielle Drüsen in den Blättern ausgeschieden. Dadurch bekommt die Tamariske ein graugrünes Aussehen.

PFLANZEN DER SAVANNE

DER LEBERWURSTBAUM

Den Leberwurstbaum erkennst du sofort an seinen gräulichen, wurstförmigen Früchten. Sie können ein Gewicht von etwa 7 kg erreichen und werden gerne von Elefanten gefressen. Die Baumblüten riechen für uns sehr unangenehm, locken aber viele Fledermäuse an, die ihren Nektar trinken und die Blüten bestäuben.

DIE LEBENDEN STEINE

Lebende Steine bestehen neben ihrem Wurzelsystem aus zwei dicken Blättern, in denen sie Wasser speichern. In der Mitte des alten Blattpaars wachsen neue Blätter, die langsam das Wasser der älteren aufnehmen. Ihre Blüten sehen aus wie kleine Sterne.

DIE WELWITSCHIE

Die Welwitschie ist eine besondere Pflanze, denn sie besitzt ihr ganzes Leben lang nur ein Blattpaar, das immer weiterwächst. Im Lauf der Zeit werden die Blätter vom Wind in einzelne Blattbänder zerschlissen. Sie hält jahrelange Dürre aus und kann über 1500 Jahre alt werden.

DER AFFENBROTBAUM

Findest du nicht auch, dass Affenbrotbäume aussehen, als wären sie mit den Wurzeln nach oben in die Erde gepflanzt worden? In ihrem mächtigen Stamm speichern sie Wasser. Elefanten und Paviane lieben ihre Früchte. Der Baum ist auch eine wichtige Nutzpflanze. Aus der Rinde werden Seile, Matten und Netze geflochten. Junge Triebe und Blätter und auch die Früchte werden gegessen, die Samen geröstet.

TIERE IM TROPISCHEN REGENWALD

DER KONGO-GRAUPAPAGEI

Graupapageien leben am liebsten in den Bäumen der tropischen Regenwälder. Sie sind keine guten Flieger, aber da sie ihren Schnabel wie einen dritten Fuß einsetzen, sind sie hervorragende Kletterer und kommen leicht an die Früchte der Bäume heran.

DER SCHWARZE PANTHER

Der schwarze Panther ist eigentlich ein Leopard mit einem schwarzen Fell. Manchmal kann man die Leopardenflecken im Sonnenlicht erkennen. Seine Fußballen sind stark gepolstert, so kann er sich lautlos anschleichen und seine Beute im anschließenden Sprint erwischen.

DIE GRÜNE MAMBA

Wenn du im afrikanischen Urwald unterwegs bist und ein grüner Ast hängt vor dir herunter, dann sei vorsichtig. Es könnte die sehr giftige Grüne Mamba sein, die sich ausschließlich auf Bäumen und Sträuchern aufhält. Ihre Nahrung besteht aus Vögeln, Eiern und Eidechsen. Ein Biss von ihr muss unbedingt behandelt werden, sonst wirkt er tödlich.

DAS OKAPI

Mit seiner blauen Zunge pflückt das Okapi Blätter von Bäumen. Obwohl es gestreifte Beine wie ein Zebra hat, ist es mit der Giraffe verwandt, wie man an der Zunge sieht. Es lebt sehr zurückgezogen als Einzelgänger im tiefsten Regenwald.

DER SCHIMPANSE

Schimpansen sind neben den Bonobos unsere nächsten Verwandten und gehören zu den bedrohten Tierarten. Sie sind intelligente und soziale Tiere, die sich mit Lauten, Gesten und ihrem Gesichtsausdruck verständigen. Das lautstarke Imponiergehabe der Schimpansen kennst du bestimmt aus dem Zoo. Damit verteidigen sie ihre Rangordnung innerhalb ihrer Gruppe. Um an Nahrung zu kommen, benutzen sie auch Werkzeuge.

DAS NILKROKODIL

Das Nilkrokodil-Weibchen gräbt seine Eier wenige Meter vom Wasser entfernt ein und bewacht sie dort. Kurz bevor die Jungen schlüpfen, geben sie ein hohes Fiepen von sich. Das ist ein Zeichen für das Weibchen: Es gräbt das Gelege wieder aus und trägt die geschlüpften kleinen Krokodile im Maul zum Wasser.

DER MANATI

Die Heimat des Manatis sind die Flüsse und Seen Westafrikas. Während er die Wasserpflanzen abgrast, bewegt er sich im Wasser mit seinen paddelförmigen Flossen vorwärts. Der waagerecht liegende Schwanz dient dabei als Steuerruder.

DER BERGGORILLA

Gorillas gehören zusammen mit den Schimpansen und den Orang-Utans zu den Menschenaffen. Gorillas klettern selten auf Bäume. Zum Schlafen bauen sie sich jeden Tag am Boden aus Pflanzenmaterial ein neues Nest. Ein älteres, erfahrenes Männchen führt die Familie an. Wegen seiner grauen Haare am Rücken wird es »Silberrücken« genannt. Da ihr Lebensraum zerstört wird, zählen Berggorillas zu den am stärksten bedrohten Säugetieren der Welt.

DIE GROSSE ACHATSCHNECKE

Die Große Achatschnecke kann ein Gewicht von 500 g erreichen und 20 cm lang werden – größer als deine Hand. Mit tausenden kleiner Zähne auf der Zunge raspelt sie ihre pflanzliche Nahrung klein.

TIERE IN DER SAVANNE

DIE NETZGIRAFFE

Lange Beine und ein langer Hals sind zwar praktisch, um die Blätter der Akazienbäume zu erreichen, aber zum Trinken muss die Giraffe einen halben Spagat machen. Sie schläft auch lieber im Stehen, da sie bei Gefahr zu lange brauchen würde, um auf die Beine zu kommen.

DAS ERDFERKEL

Schlafend verbringt das Erdferkel den Tag in großen Erdhöhlen, die es mit den kräftigen Klauen der Vorderfüße gräbt. Mit diesen kann es auch die betonharten Termitenhügel aufbrechen und dann mit der klebrigen Zunge die Termiten aufschlecken.

DAS ERDMÄNNCHEN

Die neugierigen Erdmännchen leben in größeren Gruppen zusammen, in denen es eine klare Aufgabenteilung gibt. Während die einen nach Futter suchen oder am Bau graben, passen andere aufrecht sitzend auf und warnen durch Pfeifen oder Bellen vor Feinden.

DER MARABU

Vielleicht findest du den Marabu nicht so hübsch. Dann beobachte ihn einmal im Flug: Im eleganten Gleitflug sucht der Storchenvogel nach Nahrung. Als Aasfresser ist er eine Art Gesundheitspolizist. Er verhindert, dass sich Krankheiten durch herumliegendes Aas ausbreiten.

DER AFRIKANISCHE OCHSENFROSCH

Vorsicht! Dieser Ochsenfrosch wiegt bis zu 1,4 kg und ist bissig. Aber das Männchen betreibt fürsorgliche Brutpflege: Es zieht Wassergräben, damit die Larven in den Tümpeln der Savanne nicht austrocknen.

DAS GROSSE FLUSSPFERD

Um sich vor Überhitzung zu schützen, verbringen Flusspferde den Tag im Wasser, sind allerdings schlechte Schwimmer. Sie lassen sich einfach sinken und laufen auf dem Grund vorwärts. Nachts kommen die Pflanzenfresser aus dem Wasser und weiden das Grasland ab.

DAS STEPPENZEBRA

Wenn eine ganze Zebraherde zusammensteht, kannst du in der flirrenden Hitze einzelne Tiere wegen ihrer Streifen fast nicht unterscheiden. Dabei hat jedes Zebra sein persönliches Streifenmuster, woran die Tiere sich untereinander erkennen.

DAS SPITZMAULNASHORN

Nashörner, die mit gesenktem Kopf alles niederrennen, was ihnen im Weg steht: So aggressiv, wie sie oft dargestellt werden, sind Nashörner nicht, außer man reizt sie oder bringt sie in Bedrängnis. Spitzmaulnashörner werden wegen ihres Horns gejagt und sind vom Aussterben bedroht.

DER AFRIKANISCHE ELEFANT

Neben diesem Elefanten fühlst du dich winzig. Ein Stoßzahn allein ist an die 100 kg schwer. Dieser Elefant ist das größte lebende Landsäugetier. Seine bis zu 2 m langen Ohren braucht er, um überschüssige Wärme abzugeben, da Elefanten nicht schwitzen können.

DER LÖWE

In einem festen Revier leben verwandte Löwenweibchen mit ihren Jungen in einem Rudel zusammen. Sie jagen meist in Gruppen, indem sie sich an ihre Beute anschleichen und sie einkreisen. Die Männchen sind indes für die Verteidigung des Reviers zuständig.

DER AFRIKANISCHE BÜFFEL

Der Afrikanische Büffel oder auch Kaffernbüffel ist ein wehrhaftes Tier und lässt sich von Raubtieren wie Löwen oder Leoparden nicht einschüchtern. Am liebsten lebt er in Feuchtsavannen, wo es genug Wasserstellen für ihn gibt.

ARKTIS

Die Gebiete rund um den Nordpol nennen wir Arktis. Sie besteht zum größten Teil aus dem Nordpolarmeer, einem Nebenmeer des Atlantischen Ozeans. Das Nordpolarmeer ist etwa 14 Millionen km² groß und in weiten Teilen von riesigen Eisflächen bedeckt. Unter dem Nordpol befindet sich kein festes Land, sondern eine mehrere Meter dicke Eisschicht. Die Arktis umfasst jedoch auch Landgebiete – nämlich die Insel Grönland sowie die nördlichen Randstreifen der Kontinente Amerika, Europa und Asien. Auch ein Großteil dieser Landfläche ist fast das ganze Jahr über mit Schnee und Eis bedeckt.

LANGE WINTER, KURZE SOMMER

Die arktischen Winter sind sehr lang und klirrend kalt. Die Sommer sind kurz und kühl mit Temperaturen um die null Grad Celsius. Eisbären, Polarhasen und Polarfüchse, zahlreiche Vögel sowie Robben und Wale haben sich gut an die eisigen Temperaturen angepasst. Und auch rund 4 Millionen Menschen trotzen diesen harten Bedingungen. Viele leben vom Fischfang, von der Rentierzucht und von der Jagd oder arbeiten auf einer Bohrinsel.

ca. 4 Mio, u. a. Inuit, Nenzen, Samen, Jakuten

u. a. Inuktitut, Nenzisch, Russisch, Jakutisch

In den eisig kalten Gebieten der Arktis leben nur wenige Menschen. In Nordskandinavien sind es die Samen, in Russland die Jakuten und die Nenzen und auf Grönland und in Nordkanada die Inuit.

Früher zogen die Inuit als Nomaden umher und machten Jagd auf Wale, Robben und Eisbären. Sie lebten in Iglus und trugen selbst gefertigte Kleidung aus Tierfellen.

In der Arktis arbeiten viele Menschen im Bergbau, denn rund um den Nordpol gibt es viele Bodenschätze. Es werden zum Beispiel Kohle, Uran, Gold, Nickel und Erdöl gefördert.

Städte und Dörfer in der Arktis kann man meistens an den typisch bunten Holzhäusern erkennen. Diese sind gut isoliert und lassen sich schön warm beheizen.

Hundeschlitten; Eisangeln; Schneeschuhe und Trockenfisch; typische Häuser der Arktis

Asujutilli! Ich heiße Katrine, bin 8 Jahre alt und wohne in Qaanaaq auf Grönland. Im Winter liegt hier oft meterhoch Schnee. Dann kommt man am besten mit Schneeschuhen voran. Oder mit dem Hundeschlitten. Mit Freunden baue ich gerne ein Iglu. Das ist gemütlich! Wir legen es mit großen Fellen aus, stellen Kerzen auf, erzählen lustige Geschichten und essen Suaasat. Das ist eine leckere Suppe mit Zwiebeln, Kartoffeln und Robben- oder Walfleisch.

DEINE KATRINE

TIERE DER ARKTIS

DER MOSCHUSOCHSE

Die Moschusochsen sind Überlebende der letzten Eiszeit – gewaltige Tiere mit mächtigen Hörnern und langem, zotteligen Fell. Während der Paarungszeit verbreiten die männlichen Tiere einen süßlichen Geruch.

DER BELUGA

Weiße Färbung, eine gewölbte Kopfform und keine Rückenflosse – ein Beluga oder Weißwal ist gut zu erkennen. Belugas leben in Küstennähe, wo sie ihre Nahrung, darunter Fische, Muscheln, Krebse und Tintenfische, jagen. Meist sind sie als Familienverband oder in kleinen Gruppen unterwegs.

DIE PRACHT-EIDERENTE

Prachteiderenten sind fast die einzigen Entenvögel, die so hoch im Norden vorkommen. Wenn sie nicht brüten, halten sie sich im Meer auf. In Küstennähe tauchen sie nach Muscheln, Meeresschnecken, Seeigeln, Seesternen und Krabben. So fressen sie sich ein Fettpolster gegen das kalte Wasser und die eiskalten Temperaturen an.

DER BLAUWAL

Blauwale sind die größten Tiere auf unserer Erde. Sie können bis zu 30 m lang werden und wiegen dann etwa 200 Tonnen. Meist halten sie sich im offenen Meer auf. Tauchen sie auf, stoßen sie eine Atemfontäne aus, die bis zu 9 m hoch sein kann. Wale sind Säugetiere, sie nehmen Sauerstoff durch die Lunge auf und gebären lebende Jungtiere.

DIE SATTELROBBE

Die Sattelrobbe bewohnt die Küsten des Nordpolarmeers. Den größten Teil des Tags verbringt sie mit der Nahrungssuche im Wasser. Um sich vor der Kälte zu schützen, frisst sie sich eine dicke Fettschicht, den »Blubber«, an. Damit auch die frisch geborenen Jungtiere möglichst schnell eine Fettschicht ausbilden, bekommen sie eine besonders nahrhafte und fettreiche Muttermilch zu trinken.

DER EISFUCHS

Das reinweiße Winterfell des Eisfuchses ist eine perfekte Tarnung, du kannst ihn im Schnee fast nicht erkennen. Das Fell ist so dicht, dass er auch bei -70 °C noch nicht friert. Seine Pfoten sind komplett behaart und schützen ihn vor kalten Füßen. Sein graubraun gefärbtes Sommerfell dagegen ist nur halb so dick.

DER EISBÄR

Einem Eisbären sollte man nicht zu nahe kommen, denn er ist neben dem Kodiakbären das größte Raubtier, das an Land lebt. Er ist perfekt an seine Umgebung angepasst: Das dichte Unterfell und die dicke Fettschicht unter der Haut schützen ihn vor der Eiseskälte. Dank seiner massiven und paddelförmigen Vorderpfoten kann er hervorragend schwimmen.

DER EISSTURMVOGEL

Den Eissturmvogel kann man am besten beim Brüten an Land beobachten. Die restliche Zeit des Jahres verbringt er meist über dem offenen Meer. Dort jagt er Krill, Fische und Quallen. Er ist aber auch mit Aas und Fischabfällen zufrieden. Deshalb folgt er gerne Fischerbooten.

TIERE DER ANTARKTIS

DER ANTARKTIS-STURMVOGEL

Auf der Suche nach Nahrung wie Krill und anderen Krebsen sowie Tintenfischen und Fischen fliegt der Sturmvogel dicht über der Wasseroberfläche. Das wasserabweisende Gefieder, die Schwimmhäute und eine extra Fettschicht unter der Haut machen ihn zu einem guten Schwimmer und Taucher.

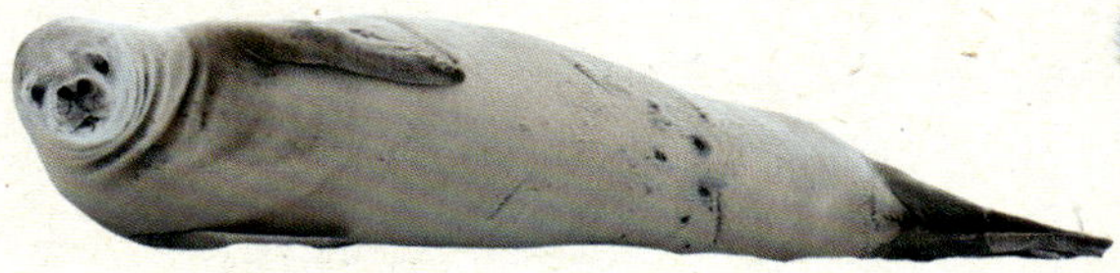

DIE KRABBENFRESSERROBBE

Krabbenfresserrobben leben im antarktischen Packeis. Dort bringen sie auch ihre Jungen zur Welt. Krabbenfresserroben ernähren sich hauptsächlich von Krill, den sie mit ihrem speziellen Gebiss aus den dichten Krillschwärmen heraussieben.

DER SÜDLICHE SEE-ELEFANT

Südliche See-Elefanten leben rund um die Antarktis. Kämpfende Männchen hast du bestimmt schon mal in einer Fernsehsendung gesehen. Die großen Bullen richten sich auf, blähen ihren Rüssel auf, brüllen und versuchen, sich gegenseitig zu beeindrucken. Oft beißen sie heftig zu. Siegreiche Männchen versammeln dann eine ganze Herde Weibchen um sich.

DER FINNWAL

Nach dem Blauwal ist der Finnwal mit rund 26 m Körperlänge und 77 Tonnen Gewicht das zweitgrößte Tier der Welt. Den Winter verbringen Finnwale in warmen, gemäßigten Zonen. Im Sommer aber wandern sie in das nahrungsreiche Polarmeer. Finnwale filtern mit ihren Barten vor allem Krill aus dem Wasser.

DER SEELEOPARD

Der dunkel gefleckte Seeleopard ist für seine räuberische Lebensweise gut ausgerüstet. Er hat scharfe, dolchartige Schneide- und Eckzähne. Seine langen Vorderflossen sind auf dem Eis und im Wasser praktisch: Er kann schnell und wendig jagen. Er verfolgt sogar andere Robbenarten und Pinguine. Findet er mal kein größeres Beutetier, ist er auch mit Krill zufrieden.

ALGEN UND KRILL

In den Polarmeeren treiben im Sommer Unmengen kleinster Algen in großen Wolken, die man Phytoplankton nennt. Ohne diese grünbraune Brühe gäbe es kein Leben in den Polargebieten, denn die Algen werden vom Zooplankton gefressen. Das sind wieder Unmengen winziger Tiere wie zum Beispiel der antarktische Krebs, Krill genannt. Und Krill ist – du weißt es schon – Futter für andere Tiere wie Fische, Robben und riesige Wale.

DER ADELIEPINGUIN

Diese Pinguinart lebt an den Küsten und auf den umliegenden Inseln der Antarktis. In diesem felsigen Gelände gibt es kein Nistmaterial. Deshalb sammeln Pinguineltern Steinchen, um daraus ein Nest zu bauen. Wie bei den Kaiserpinguinen ziehen beide Eltern die Jungen auf. Adeliepinguine fressen Fische, Tintenfische, aber auch Krill.

DER KAISERPINGUIN

Kaiserpinguine sind die größte Pinguinart auf der Erde. Sie leben fast ausschließlich im Packeisgürtel. Beide Eltern teilen sich die Arbeit bei der Aufzucht des Jungtiers. Während sie im Meer nach Fischen und Tintenfischen jagen, drängen sich die Pinguinküken eng zusammen, um sich gegenseitig vor der e sigen Kälte zu schützen.

DER ORCA

Orcas sind als Räuber bekannt. Sie jagen Robben, Pinguine und andere Seevögel, Fische und auch Wale. Die einzelnen Familienverbände oder Jagdgruppen haben sich häufig auf ein Beutetier spezialisiert, fressen also z. B. nur Robben.

Wie die Arktis hat auch die Antarktis bedeutende Bodenschätze, etwa Kupfer, Kohle, Eisenerz, Erdöl und Erdgas. Allerdings gibt es ein Abkommen, das die Umwelt der Antarktis schützen und den Abbau der Rohstoffe verhindern soll.

Die Antarktis ist zwar unbewohnt, aber es gibt über 80 Forschungsstationen. Die Forscher messen z. B. an verschiedenen Orten die Eisdicke. Sie wollen feststellen, ob die Eismenge abnimmt und der Meeresspiegel steigt.

Gletscher sind gigantische Eismassen, die sich in Zeitlupentempo in Richtung Meer schieben. An der Meeresküste brechen immer wieder riesige Eisbrocken ab und stürzen ins Wasser. Man sagt dazu, der »Gletscher kalbt«.

Wer sich mit dem Schiff der Antarktis nähern will, braucht einen Eisbrecher. Eisbrecher sind so konstruiert, dass sie Fahrrinnen auf zugefrorenen Gewässern frei brechen können.

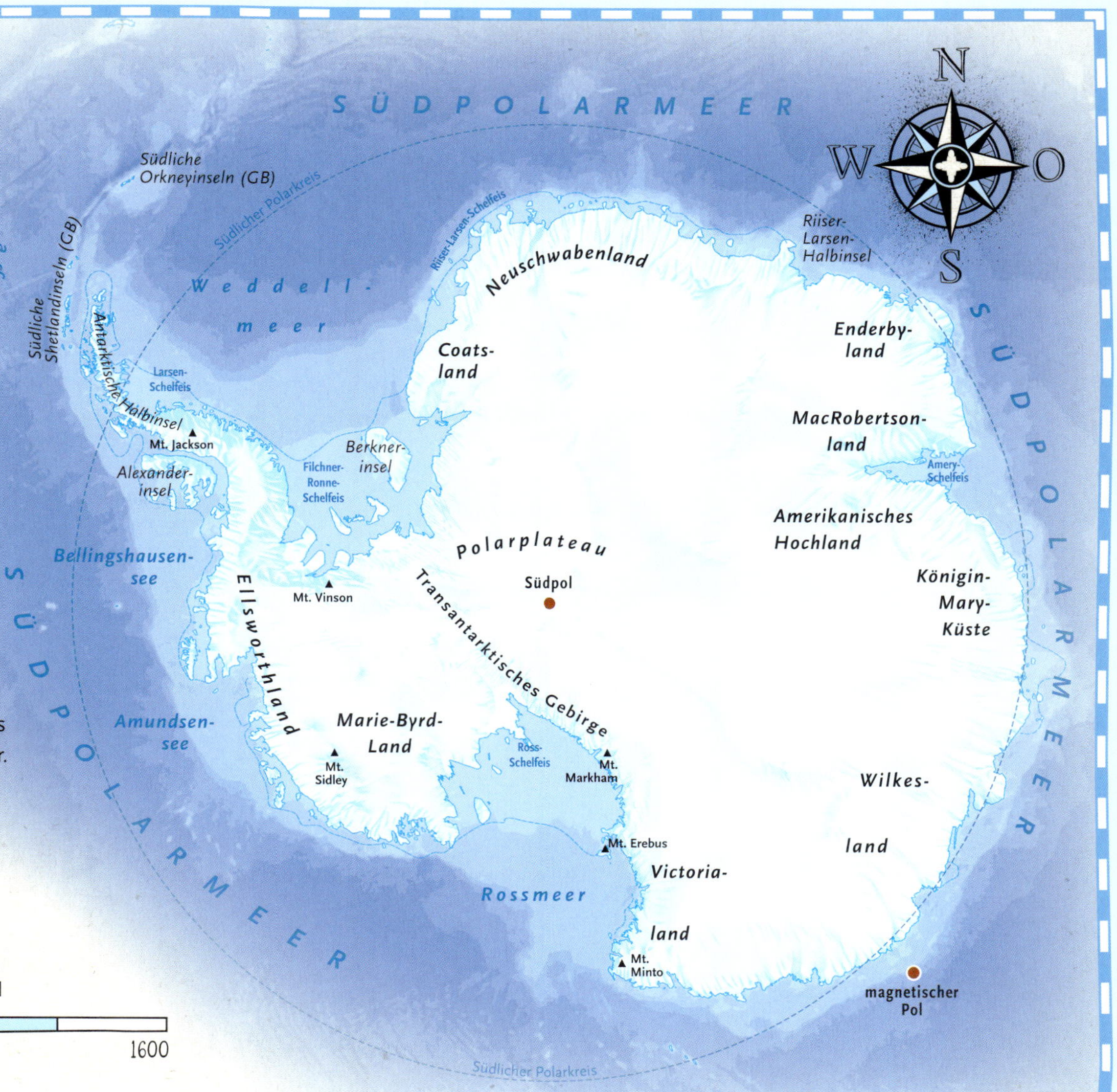

ANTARKTIS

Die Gebiete rund um den Südpol heißen Antarktis. Doch anders als am Nordpol befindet sich unter den antarktischen Eis- und Schneemasssen eine gewaltige Landfläche. Deswegen wird die Antarktis auch oft als Kontinent bezeichnet. Allerdings ist dieser Erdteil nicht in Länder aufgeteilt und hier leben auch keine Menschen. Verständlich, denn in der Antarktis ist es noch kälter und lebensfeindlicher als in der Arktis! Auf eiskalte, lange Winter folgen kurze und kühle Sommer. Es herrscht ein extrem kaltes, trockenes Klima. Dazu kommen eisige Winde, die teils mit 200 km/h über das ewige Eis fegen.

ca. 14 Mio. km²

keine (außer Wissenschaftler)

Die Antarktis gilt als größte Eiswüste der Erde! Nicht nur das Wasser, auch das bergige Festland der Antarktis ist nahezu komplett von einer dicken Schnee- und Eisschicht überzogen. Darum wachsen hier kaum Pflanzen, höchstens ein paar Moose, Flechten und Gräser. In dieser Eiseskälte können auch nur wenige Tiere überleben. Eine dicke Fettschicht bzw. ein dichtes Fell oder Gefieder schützt sie vor dem Erfrieren. Die Pinguine, die auf den vorgelagerten Inseln leben, haben unter ihrem »Frack« eine besonders dicke Fettschicht, die sie schön warm hält.

KÄLTEPOLE DER ERDE

Die Arktis und die Antarktis heißen auch Polargebiete. Sie haben einen großen Einfluss auf das Klima unseres Planeten. Klimaforscher blicken mit großer Sorge auf die beiden Kältepole der Erde. Denn in den letzten Jahrzehnten sind die Temperaturen als Folge des weltweiten Klimawandels gestiegen und die Eisflächen erheblich geschrumpft.

Für Forscher und Expeditionsteilnehmer aus aller Welt ist die Antarktis eine spannende Herausforderung.

OZEANE & STRÖMUNGEN

Vom Weltall aus betrachtet sieht die Erde blau aus! Denn fast 70 Prozent der Erdoberfläche sind mit Wasser bedeckt. Darum nennen wir unseren Planeten auch oft den »Blauen Planeten«. Das meiste Wasser der Erde ist Salzwasser und bildet die riesigen Ozeane. Nur rund 3 Prozent des gesamten Wassers auf der Erde sind Süßwasser, also das Wasser der Seen, Flüsse und Bäche sowie das Grundwasser und – im gefrorenen Zustand – das Eis der Gletscher.

OZEANE UND WELTMEERE

Die fünf größten Meere der Erde nennen wir Ozeane. Im Norden gibt es den Arktischen Ozean, der oft Nordpolarmeer genannt wird. Im Süden liegt der Antarktische Ozean, auch Südpolarmeer. Doch die größten Ozeane sind der Pazifische, Atlantische und Indische Ozean. Vor allem früher wurde statt Ozean häufig der Begriff Weltmeer verwendet. Ursprünglich ging man davon aus, dass alle Kontinente von einem einzigen Weltmeer umflossen werden. Gar nicht so verkehrt, denn schließlich sind die Ozeane alle miteinander verbunden.

MEERESSTRÖMUNGEN

Weil die Ozeane zusammenhängen, findet ein ständiger Austausch an gigantisch großen Wassermassen statt. Du kannst dir diese Meeresströmungen wie einen riesigen Kreislauf vorstellen, der sich durch alle Ozeane zieht und Wasser sowie Wärme über den gesamten Erdball verteilt. Doch wie kommen Wassermassen in Bewegung? Das Wasser der Ozeane ist unterschiedlich warm, da die Sonne das Meerwasser am Äquator stärker aufwärmt als etwa an den Polen. Kaltes Wasser sinkt immer nach unten. Aufgewärmtes Wasser strömt nach und eine Bewegung kommt zustande. Die Meeresströmungen wie z. B. der Golfstrom, Kanarenstrom oder Humboldtstrom haben einen Einfluss auf unser Klima.

ATLANTISCHER OZEAN

106,6 Mio. km²

3293 m

9219 m Puerto-Rico-Graben

Zwischen Europa und Afrika im Osten und Amerika im Westen erstreckt sich der Atlantische Ozean, auch Atlantik genannt. Er ist nach dem Pazifik der zweitgrößte Ozean und bedeckt rund ein Fünftel der Erdoberfläche. Die Nord- und Ostsee sowie das Mittelmeer sind Nebenmeere des Atlantiks. Sie sind nur durch Inselketten bzw. Meerengen vom offenen Ozean getrennt.

GOLF-STROM

Im Atlantischen Ozean fließt ein sehr großer und sehr schneller Strom, der Golfstrom. Er bewegt sich über eine riesige Fläche – vom Golf von Mexiko bzw. der Karibik bis nach Europa! Der Golfstrom transportiert warmes Wasser vom Äquator und sorgt dafür, dass die Winter bei uns in Mitteleuropa viel milder sind als etwa im Norden oder im Osten Europas.

KANAREN-STROM

Der Kanarenstrom wird unter anderem von einem Abzweiger des Golfstroms (dem Azorenstrom) gespeist. Er ist eine eher kühle bis leicht warme Meeresströmung, die im Atlantischen Ozean entlang der nordwest-afrikanischen Küste fließt. Die Kanarischen Inseln, die vor Nordwestafrika im Atlantik liegen, verdanken dieser Meeresströmung ein ganzjährig angenehm warmes Klima.

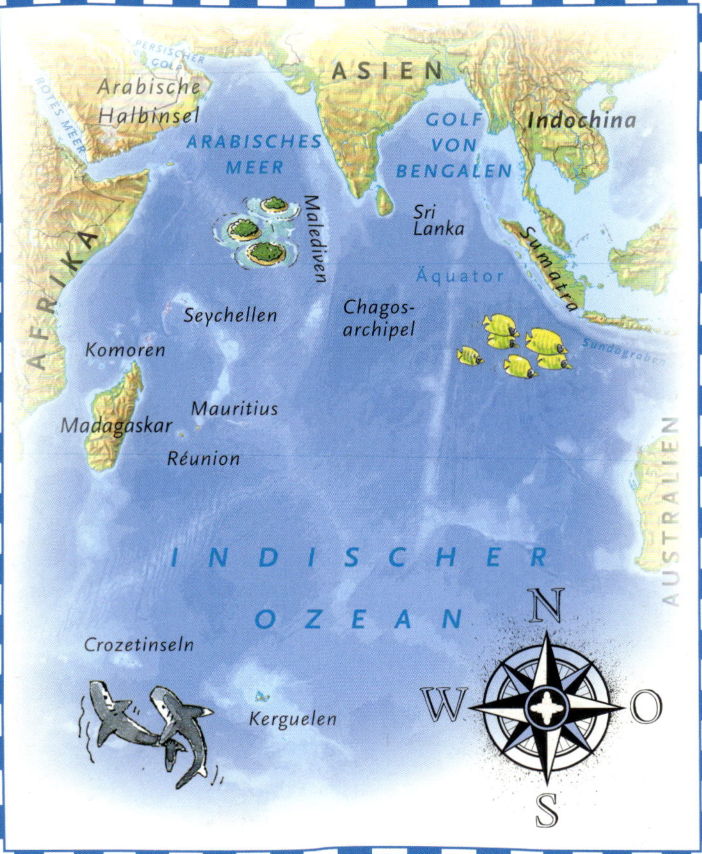

INDISCHER OZEAN

74,1 Mio. km²

3840 m

7455 m Sundagraben vor Java

Der drittgrößte Ozean ist der Indische Ozean. Anders als der Atlantische und der Pazifische Ozean, die sich von Nord nach Süd fast über den ganzen Globus erstrecken, befindet sich der Indische Ozean zum größten Teil auf der Südhalbkugel. Er liegt zwischen Indien bzw. Asien im Norden, dem südlichen Afrika im Westen und Australien im Osten.

PAZIFISCHER OZEAN

181,3 Mio. km²

3940 m

11.034 m Marianen-graben

Wenn du einen Globus so lange drehst, bis du fast nur noch Blau siehst, dann blickst du auf den Pazifischen Ozean, der auch Pazifik, Stiller oder Großer Ozean heißt. Er wird von Asien und Australien im Westen und von Nord- und Südamerika im Osten begrenzt. Im Pazifik befindet sich auch die tiefste Stelle der Erde: der bis zu 11 034 m tiefe Marianengraben.

HUMBOLDTSTROM

Im Pazifik gibt es den sehr kalten Humboldtstrom. Er bringt kaltes Wasser aus dem Antarktischen Ozean entlang der Westküste Südamerikas bis zum Äquator. Durch die kalte Meeresströmung kühlt auch die Luft an den Küsten Südamerikas ab, weswegen es dort sehr selten regnet. So entstand die trockenste Wüste der Erde: die Atacama-Wüste im Norden von Chile!

DIE ERDE ENTSTEHT

Zusammen mit der Sonne und unserem Sonnensystem entstand vor etwa 4,6 Milliarden Jahren auch die Erde. Ursprünglich war alles eine unvorstellbar große Gas- und Staubwolke, die durchs Weltall trieb. Die Teilchen zogen sich gegenseitig an und ballten sich zu größeren Klumpen zusammen, die wiederum noch mehr Materie anzogen, je größer sie wurden. Mit der Zeit verdichteten sich die verschiedenen Klumpen zu den Himmelskörpern.

KERN, MANTEL UND KRUSTE

Die junge Erde war kahl und glühend heiß. Die schweren Metalle wie Eisen und Nickel sanken ab und bildeten im Erdinneren den Erdkern. Leichtere Bestandteile stiegen auf. Der Erdmantel aus geschmolzenem Gestein (Magma) entstand, während eine dünne Gesteinskruste auf der Erdoberfläche zur festen Erdkruste erstarrte. Über Jahrmillionen war die Erde ein lebloser Planet – ohne Tiere, Pflanzen oder Menschen. Vulkane und Erdbeben formten die Landschaft.

ERSTES LEBEN REGT SICH

Die allerersten, winzig kleinen Lebewesen tauchten erst vor rund 3,5 Milliarden Jahren auf: Bakterien, die sich in einer Art »Urmeer« tummelten. Die ersten Pflanzen – wahrscheinlich Algen – folgten, dann kamen einfache Arten wie Würmer und Quallen dazu, wieder 100 Mio. Jahre später fischähnliche Arten, dann die ersten Landtiere. Dinosaurier lebten vor 230 Mio. Jahren, bis sie vor 65 Mio. Jahren ausstarben. Und der Mensch? Der entwickelte sich erst viel, viel später ... vor ungefähr 2,5 Mio. Jahren.

Stell dir vor, die Erde und alles Leben auf unserem Planeten wäre an einem einzigen Tag, also in genau 24 Stunden, entstanden. Dann würden wir Menschen erst seit ein paar Sekunden existieren!

WELTALL

Das Weltall existiert seit ca. 14 Milliarden Jahren – eine unvorstellbar lange Zeit, in der unzählige Sterne entstanden und erloschen sind. Wenn ein Stern stirbt, explodiert er und schleudert massenhaft Gase und Materie in den Weltraum, aus denen sich wieder neue Sterne und Planeten bilden. So entstand auch unsere Erde.

MILCHSTRASSE

Von der Erde aus betrachtet sieht die Milchstraße aus wie ein weit entferntes, helles Sternenband. In Wirklichkeit ist sie eine spiralförmige Galaxie aus Milliarden von Sternen und unsere Sonne ist einer dieser Sterne. Unser Sonnensystem befindet sich auf einem der äußeren Spiralarme, 27 000 Lichtjahre vom Zentrum der Milchstraße entfernt.

Die Milchstraße hat einen Durchmesser von 100 000 Lichtjahren. Klingt viel, aber was genau ist ein Lichtjahr? Ein Lichtjahr ist genau die Strecke, die Licht in einem Jahr in einem luftleeren Raum wie dem Weltall zurücklegt. Und das sind unglaubliche 9,461 Billionen km – also $9{,}461 \times 10^{12}$.

STAUBKORN IM ALL

Uns erscheint die Erde bereits unfassbar groß. Doch allein der Planet Jupiter in unserem Sonnensystem ist 1400-mal größer als die Erde und Jupiter würde über 900-mal in unserer Sonne Platz finden. Unser Sonnensystem wiederum ist ein winziger Bruchteil der Galaxie der Milchstraße. Und im ganzen Weltall gibt es viele Milliarden von Galaxien. Verglichen mit dem unendlichen Weltall ist die Erde also nicht größer als ein klitzekleines Staubkorn!

KERN, MANTEL, KRUSTE

Stell dir vor, die Erde wäre ein Pfirsich. Der Pfirsichkern ist – ähnlich wie der Erdkern – umgeben von viel Fruchtfleisch, das entspricht dem Erdmantel. Und die dünne Schale des Pfirsichs ist vergleichbar mit der relativ dünnen Erdkruste.

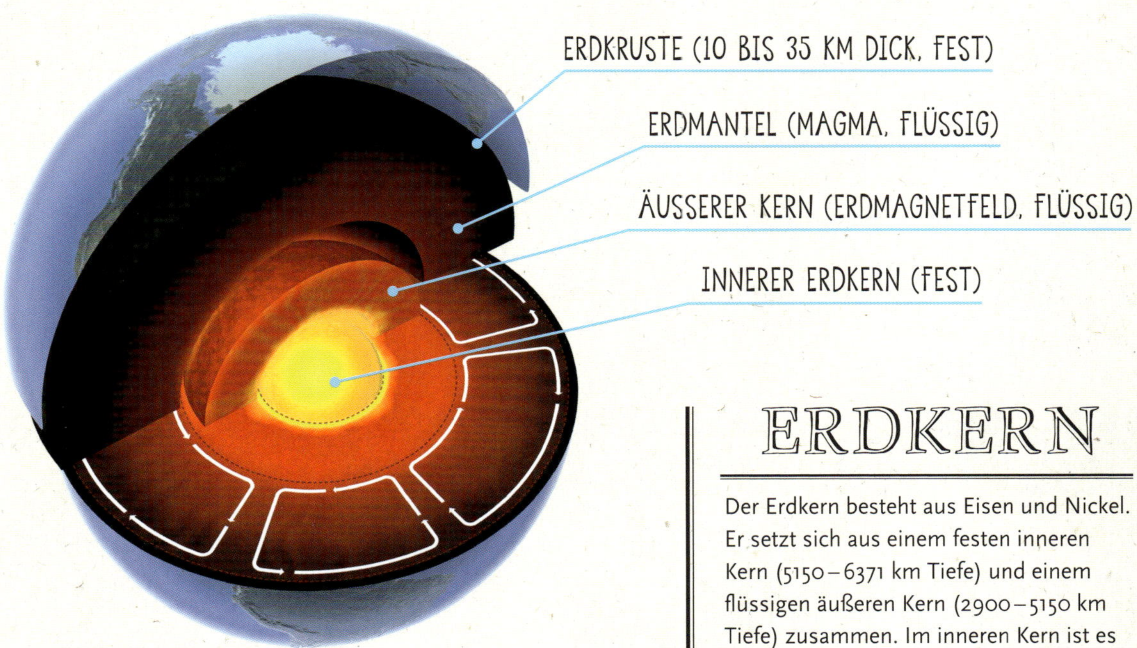

ERDKRUSTE

Unser Planet besteht nicht vollständig aus festem Gestein! Er besteht vielmehr aus mehreren Schichten, die teilweise sogar flüssig oder zähflüssig sind. Die äußere Schicht, die Erdkruste, ist der feste Boden, auf dem wir stehen. Sie ist nur rund 10 bis 35 km dick. Bei 6371 km bis zum Mittelpunkt der Erde ist das nicht gerade viel!

Könnte man 6371 km tief bohren, würde man den Erdmittelpunkt erreichen. Die bislang tiefste Bohrung reichte allerdings gerade einmal 12 km ins Erdreich hinein.

ERDMANTEL

Je tiefer man ins Erdinnere kommt, desto heißer wird es. Bereits nach ca. 35 km ist es so heiß, dass sich festes Gestein verformt. Hier beginnt der obere Erdmantel aus ca. 1500 °C heißem, zähflüssigem Gestein – dem sogenannten Magma, das bei einem Vulkanausbruch nach oben drängt. Zwischen 660 und 2900 km Tiefe folgt der untere Erdmantel mit rund 3000 °C Temperatur.

ERDKERN

Der Erdkern besteht aus Eisen und Nickel. Er setzt sich aus einem festen inneren Kern (5150–6371 km Tiefe) und einem flüssigen äußeren Kern (2900–5150 km Tiefe) zusammen. Im inneren Kern ist es vermutlich ca. 5700 °C heiß. Wegen der vielen darüberliegenden Erdschichten herrscht hier ein ungeheurer Druck von 3,5 Mio. Bar. Zum Vergleich: An der Erdoberfläche beträgt der Luftdruck 1 Bar.

Das flüssige Metall im äußeren Kern bildet übrigens das riesige Magnetfeld der Erde aus, das schädliche Strahlung aus dem All abschirmt.

1 MERKUR

Der kleinste, schnellste und sonnennächste Planet ist Merkur. Seine Oberfläche ist extremen Temperaturunterschieden (von –73 °C bis 427 °C) ausgesetzt und von unzähligen Kratern geprägt, die von Meteoriteneinschlägen stammen. Merkur dreht sich in 59 Erdentagen einmal um sich selbst, ein Merkurtag dauert also so lange wie 59 Tage auf der Erde.

4879 km | 57,9 Mio. km
88 Tage = 1 Merkurjahr | 0

2 VENUS

Ein Tag auf der Venus dauert länger als ein Venusjahr! Die Venus dreht sich in 225 Erdentagen einmal um die Sonne und in 243 Tagen einmal um sich selbst (= 1 Venustag). Masse und Größe des Planeten sind ähnlich wie die der Erde, allerdings herrschen auf der Venus lebensfeindliche 450 °C und ihre Atmosphäre besteht fast vollständig aus Kohlendioxid.

12 104 km | 108,2 Mio. km
225 Tage = 1 Venusjahr | 0

3 ERDE

Die Erde umrundet die Sonne in 365 Tagen, also in einem Jahr! In 24 Stunden (= 1 Erdentag) dreht sich die Erde einmal um die eigene Achse. Dabei ist immer nur eine Seite der Sonne zugewandt. Auf dieser Seite herrscht Tag, auf der anderen Nacht. Die Jahreszeiten hängen mit der schräg stehenden Erdachse zusammen! Mehr darüber findest du auf S. 108–109.

12 756 km | 149,6 Mio. km
365 Tage = 1 Jahr | 1

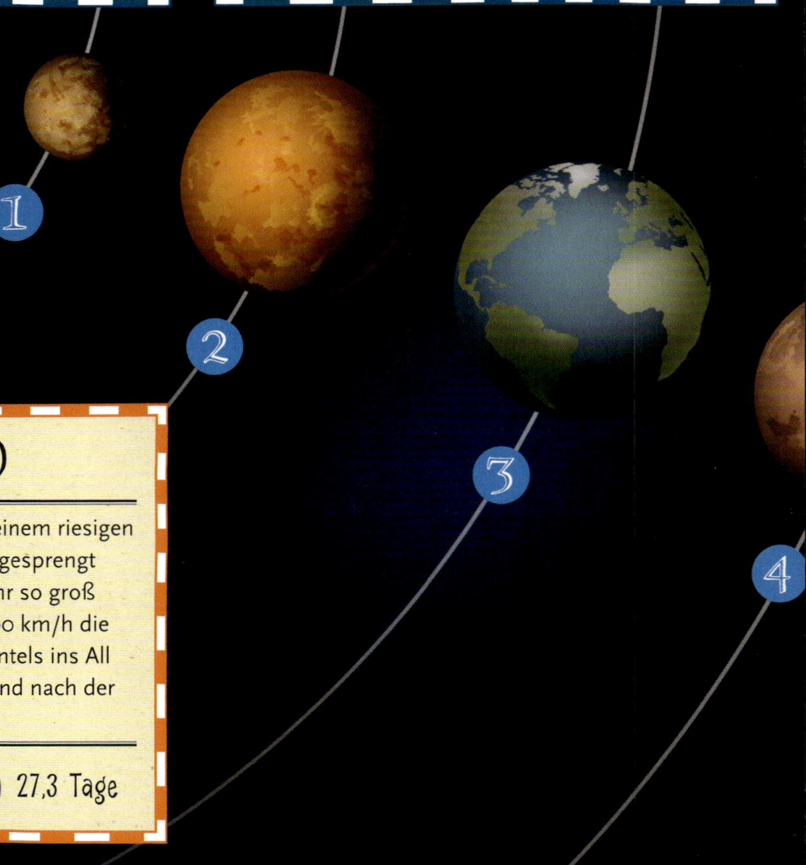

SONNE

Die Sonne ist wie ein riesenhafter Feuerball – mit so viel Brennstoff, dass sie noch viele Milliarden Jahre leuchtet. In ihrem Inneren ist es mehrere Millionen Grad Celsius heiß. Sie ist weit über eine Millionen Mal größer als die Erde und über 750-mal schwerer als alle Planeten des Sonnensystems. Weil sie so gigantisch groß ist, werden die Planeten von der Sonne angezogen und kreisen auf festen Umlaufbahnen um sie.

1 391 400 km

MOND

Wusstest du, dass unser Mond von einem riesigen Himmelskörper aus der Erde herausgesprengt wurde? Ein Gesteinsbrocken ungefähr so groß wie der Mars rammte mit über 35 000 km/h die Erde. Dabei wurden Teile des Erdmantels ins All geschleudert, aus denen sich nach und nach der Mond formte.

3476 km | 27,3 Tage

SONNE, MOND & STERNE

In einer klaren Nacht kannst du sie am besten sehen: unendlich viele Sterne, die im Weltall leuchten. Jeder dieser Sterne ist ein gigantischer Gasriese, der Licht und Wärme abgibt – genauso wie unsere Sonne. Um die meisten Sterne kreisen Planeten. Im Gegensatz zu den Sternen leuchten Planeten nicht von selbst. Die Erde ist ein solcher Planet.

Durchmesser | Anzahl der Monde
Entfernung zur Sonne
Umlaufzeit um die Sonne | Erde

DAS SONNENSYSTEM

Um unsere Sonne kreisen acht Planeten in unterschiedlichen Abständen. Am nächsten zur Sonne ist Merkur, gefolgt von Venus, Erde, Mars, Jupiter, Saturn, Uranus und Neptun. Ein Mond umkreist als »natürlicher Satellit« einen Planeten. Er strahlt kein eigenes Licht ab, sondern leuchtet nur, weil er von der Sonne angestrahlt wird. Zu unserem Sonnensystem gehören alle Himmelskörper, die von der Sonne in der Mitte angezogen werden: die Planeten mit ihren Monden, aber ebenso Asteroiden, Kometen und Meteoriden sowie massenhaft Staub- und Gasteilchen.

GIBT ES LEBEN AUF ANDEREN PLANETEN?

Auf der Erde kommen zufällig viele wichtige Faktoren zusammen, die die Entwicklung von Leben über Milliarden von Jahren ermöglicht haben. So befindet sich die Erde in einem sehr günstigen Abstand zur Sonne. Dadurch ist es weder zu heiß noch zu kalt. Zudem gibt es auf der Erde Wasser, die Atmosphäre bietet Luft zum Atmen und das Erdmagnetfeld schützt uns vor Strahlung aus dem Weltall. Wissenschaftler suchen im All nach Planeten mit ähnlich lebensfreundlichen Voraussetzungen. Doch ob sich dort auch Leben entwickelt hat oder entwickeln wird? Das wissen wir bis heute nicht.

4 MARS

Der Mars ist der Erde am ähnlichsten. Ein Tag ist nur 37 Minuten länger als auf der Erde. Seine Oberfläche ist von einem rostroten Gestein geprägt, weshalb der Mars auch der »Rote Planet« heißt. Auf dem Mars gibt es Vulkane, darunter den wohl höchsten Vulkan unseres Sonnensystems (ca. 22 km), Eiswüsten, riesige Schluchten und eine dünne Atmosphäre, die jedoch nicht zum Atmen ausreicht.

6794 km | 227,9 Mio. km

687 Tage = 1 Marsjahr | 2

5 JUPITER

Der größte und schwerste Planet des Sonnensystems Jupiter, dreht sich am schnellsten: in knapp 10 Stunden um die eigene Achse. Daher kommt das Streifenmuster in seiner Atmosphäre. Auf seiner Oberfläche toben Stürme und Gewitter. Und es gibt einen riesenhaften, festsitzenden Wirbelsturm, der größer ist als die Erde. Er heißt »Großer Roter Fleck«.

142 984 km | 778,7 Mio. km

11 Jahre, 315 Tage | 79

6 SATURN

Ein Tag auf dem Saturn, dem zweitgrößten Planeten im Sonnensystem, dauert 10 Stunden und 14 Minuten. Saturn ist berühmt für seine auffälligen Ringe aus Staub, Eis- und Gesteinsbrocken. Das Ringsystem kannst du sogar mit einem kleinen Fernrohr beobachten! Den Planeten selbst erkennst du in einer sternenklaren Nacht mit bloßem Auge an seiner Größe.

120 536 km | 1427 Mio. km

29 Jahre, 166 Tage | 82

7 URANUS

51 118 km

2871 Mio. km

84 Jahre = 1 Uranusjahr

27

Genau wie Jupiter, Saturn und Neptun ist auch Uranus ein Gasplanet, der vor allem aus leichten Gasen besteht und sich recht schnell um die eigene Achse dreht. Wie alle Gasplaneten hat auch Uranus ein Ringsystem, wenn auch ein wesentlich unauffälligeres als der große Saturn. Uranus kannst du durch ein Fernglas gut sehen.

8 NEPTUN

Der äußerste Planet im Sonnensystem heißt Neptun. Da er am weitesten von der Sonne entfernt ist, herrschen dort eisige Temperaturen von –200 °C. Auf dem Neptun gibt es ähnlich wie auf unserem Planeten verschiedene Jahreszeiten, allerdings dauert eine Jahreszeit nicht nur ein Vierteljahr wie auf der Erde, sondern sogar 40 Jahre lang an!

49 528 km | 4496,7 Mio. km

165 Jahre = 1 Neptunjahr | 14

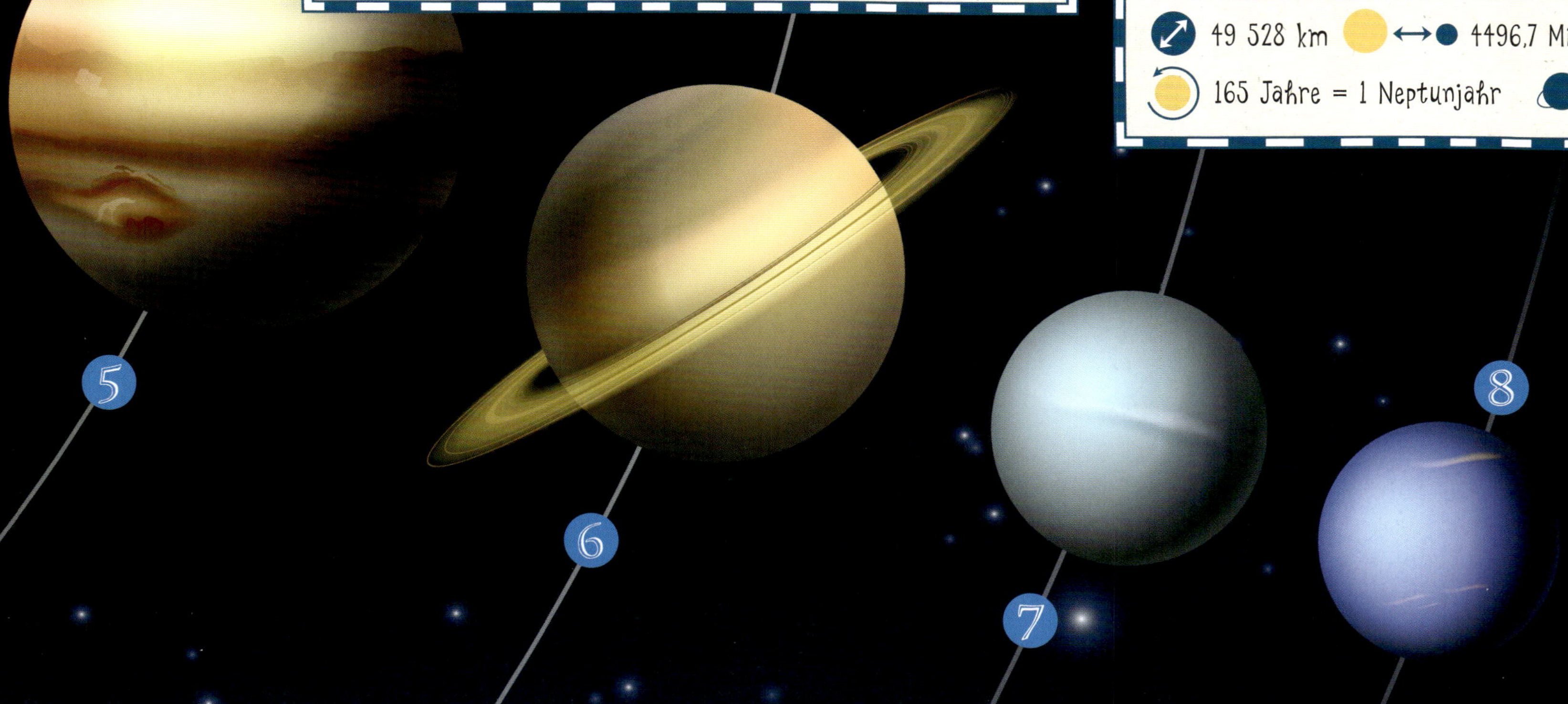

ASTEROID

Zwischen den beiden Umlaufbahnen der Planeten Mars und Jupiter befindet sich der Asteroidengürtel. Das ist eine Ansammlung von Asteroiden und kleineren Planeten, sogenannten Zwergplaneten, die um die Sonne kreisen. Asteroiden sind kleiner als Zwergplaneten und nicht rund, sondern sehen aus wie durchs All sausende Gesteinshaufen.

KOMET

Genau wie Asteroiden können auch Kometen mehrere Kilometer groß sein. Sie bestehen neben Gestein und Staub jedoch auch aus massenhaft Eis und Gas. Deswegen nennen wir sie manchmal scherzhaft »schmutzige Schneebälle«. In Sonnennähe verdampft das im Kometengestein gefrorene Eis und wir sehen den typischen langen, leuchtenden Schweif.

METEOROID

Viel kleiner als Asteroiden sind die höchstens ein paar Meter großen Meteoroiden. Tritt ein kleiner Meteoroid in die Erdatmosphäre ein, verglüht er und wir nennen ihn Meteor oder Sternschnuppe. Ein etwas größerer Meteoroid verglüht nicht ganz in der Atmosphäre und trifft – als sogenannter Meteorit – auf der Erdoberfläche auf.

KLIMA & WETTER

Auch wenn das Wetter ab und zu mal verrücktspielt, so bleibt das Klima über Jahrhunderte eigentlich immer gleich. Um das Klima zu bestimmen, sammeln Meteorologen über einen langen Zeitraum Daten wie die jährlichen Durchschnittstemperaturen, den Luftdruck, die Luftfeuchtigkeit und Niederschlagsmengen. Die Forscher haben bemerkt: Das Klima verändert sich auf der Welt. Schuld ist unser Umgang mit der Natur.

DIE SONNE MACHT DAS KLIMA

Da die Erde fast kugelförmig ist, bekommen die Gebiete rund um den Äquator mehr Sonnenstrahlen auf direktem Weg ab. Deswegen ist das Klima dort wesentlich heißer als bei uns. An den Polen dagegen kommt weniger Sonnenlicht an und das Klima ist sehr kalt. Weil warme Luft aufsteigt und kalte absinkt, bringen diese Temperaturunterschiede gewaltige Luftmassen in Bewegung: Winde entstehen. Sie können warm sein und für trockenes Klima sorgen, andere Winde treiben Regenwolken vor sich her.

DER KREISLAUF DES WASSERS

Die Sonne lässt auch das Wasser der Seen, Flüsse und Meere verdunsten. Wasserdampf steigt auf und bildet Wolken, die vom Wind weggeblasen werden. Werden die Wolken zu schwer, regnen sie wieder ab. So entsteht ein ewiger Wasserkreislauf. Da die Sonneneinstrahlung am Äquator besonders intensiv ist, steigt hier sehr viel Wasserdampf auf und es kommt oft zu heftigen Regenfällen. Deswegen herrscht am Äquator nicht nur sehr heißes, sondern auch feuchtes Klima.

POLARE ZONE

Die Klimazone der Arktis und Antarktis wird polare Zone oder Polargebiet genannt. Diese Gebiete sind Kältewüsten: ganzjährig von Schnee und Eis bedeckt, extrem kalt (fast nie über 0 °C) und trocken. Es gibt keine Pflanzen und nur wenige Tierarten. Ein halbes Jahr lang geht die Sonne nicht unter, in der anderen Jahreshälfte geht sie nicht auf.

SUBPOLARE ZONE

Den Übergang vom polaren zum gemäßigten Klima bilden die Tundren der subpolaren Zone. Die trockenen Winter sind sehr lang und kaum wärmer als an den Polen. Auch die Sommermonate sind recht kühl und niederschlagsarm. Dennoch kommen hier Höchsttemperaturen von bis zu 10 °C vor, die Flechten und kleine Gräser wachsen lassen.

JAHRESZEITEN

Die Erde umkreist die Sonne in einem Jahr. Da die Erdachse – eine gedachte Verbindung zwischen Nord- und Südpol – schräg steht, ist ein halbes Jahr lang der Südpol und ein halbes Jahr lang der Nordpol näher an der Sonne. An den Polen gibt es demnach nur Sommer und Winter. Der Äquator hat immer den gleichen Abstand zur Sonne und kennt gar keine Jahreszeiten. In den gemäßigten Zonen variiert der Abstand zur Sonne am stärksten. Deswegen gibt es dort vier Jahreszeiten!

GEMÄSSIGTE ZONE

In den mittleren Breiten liegt die gemäßigte Zone mit 5–15 °C im Jahresdurchschnitt. Man unterscheidet die (etwas kältere) kaltgemäßigte von der warmgemäßigten Zone. Niederschläge gibt es meist das ganze Jahr über, sodass Wälder und Grasland wachsen. Hier haben die vier Jahreszeiten einen großen Einfluss. Im Sommer sind die Tage länger, im Winter kürzer.

kaltgemäßigt warmgemäßigt

SUBTROPEN

Typisch für die Subtropen sind warme und trockene Sommer und kühle und feuchte Winter. Oft wird diese Klimazone nochmals unterteilt in trockene, winterfeuchte und immerfeuchte Subtropen. Denn als subtropisch gelten sowohl trockene Steppen und Wüsten wie die Sahara als auch die vegetationsreiche südliche Mittelmeerregion.

TROPEN

Die tropische Zone erstreckt sich wie ein Wärmegürtel rund um den Äquator. Die starke Sonneneinstrahlung sorgt für ein ganzjährig heißes Klima. Außerdem ist es sehr feucht – perfekte Bedingungen für die artenreichen Regenwälder. Hier gibt es keine Jahreszeiten, dafür können die Temperaturen je nach Tageszeit stark variieren.

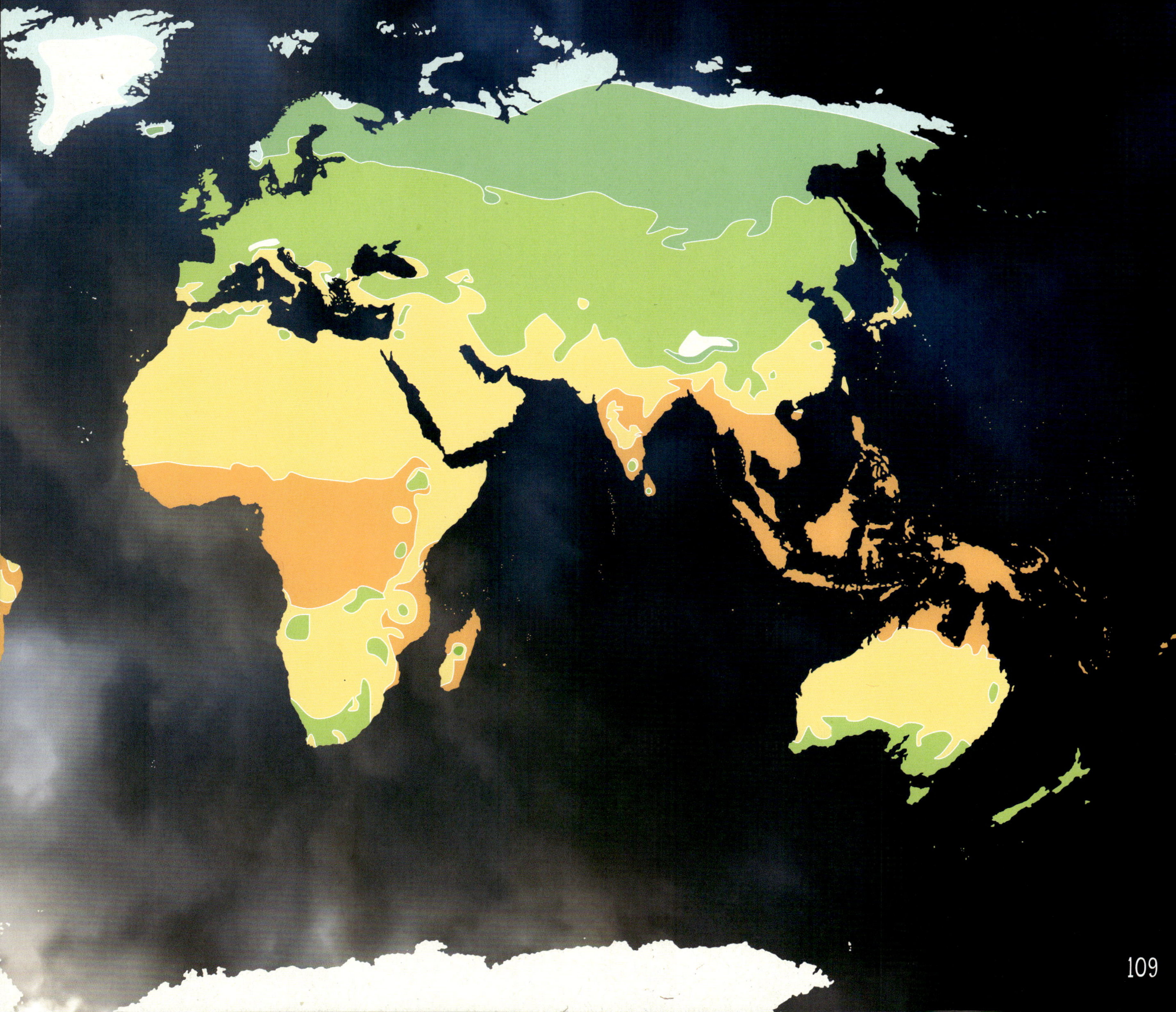

ERDPLATTEN IN BEWEGUNG

Die Erdkruste, die den festen Boden der Kontinente und Ozeane bildet, ist keine komplett zusammenhängende Felsschicht. Vielmehr kannst du dir die Erdkruste wie ein gigantisches Puzzle vorstellen, das sich aus mehreren riesengroßen Felsplatten zusammensetzt.

BEWEGLICHE ERDPLATTEN

Die Felsplatten der Erdkruste bewegen sich auf dem zähflüssigen Erdmantel ähnlich wie Eisschollen im Meer. Sie driften aufeinander zu, voneinander weg oder gleiten aneinander vorbei. Diese Bewegungen, auch Plattentektonik genannt, geschehen extrem langsam, etwa so wie das Wachstum deiner Haare! Dennoch sind unvorstellbare Kräfte aus dem Erdinneren im Spiel. Sie sind für Vulkanausbrüche oder Erdbeben verantwortlich und lassen über Jahrmillionen ganze Gebirge entstehen.

WENN EIN VULKAN AUSBRICHT

An den Rändern der Erdplatten können Risse und Spalten entstehen, aus denen zähflüssiges Magma aus dem Erdmantel nach oben drängt. Bei einem Vulkanausbruch tritt das Magma als rot glühende Lava an die Erdoberfläche – das kann ganz langsam oder mit einer heftigen Explosion geschehen. Nach und nach erkaltet die Lava und erstarrt zu neuem Gestein. Schichtvulkane bilden steile, kegelförmige Berge, Schildvulkane laufen flacher aus.

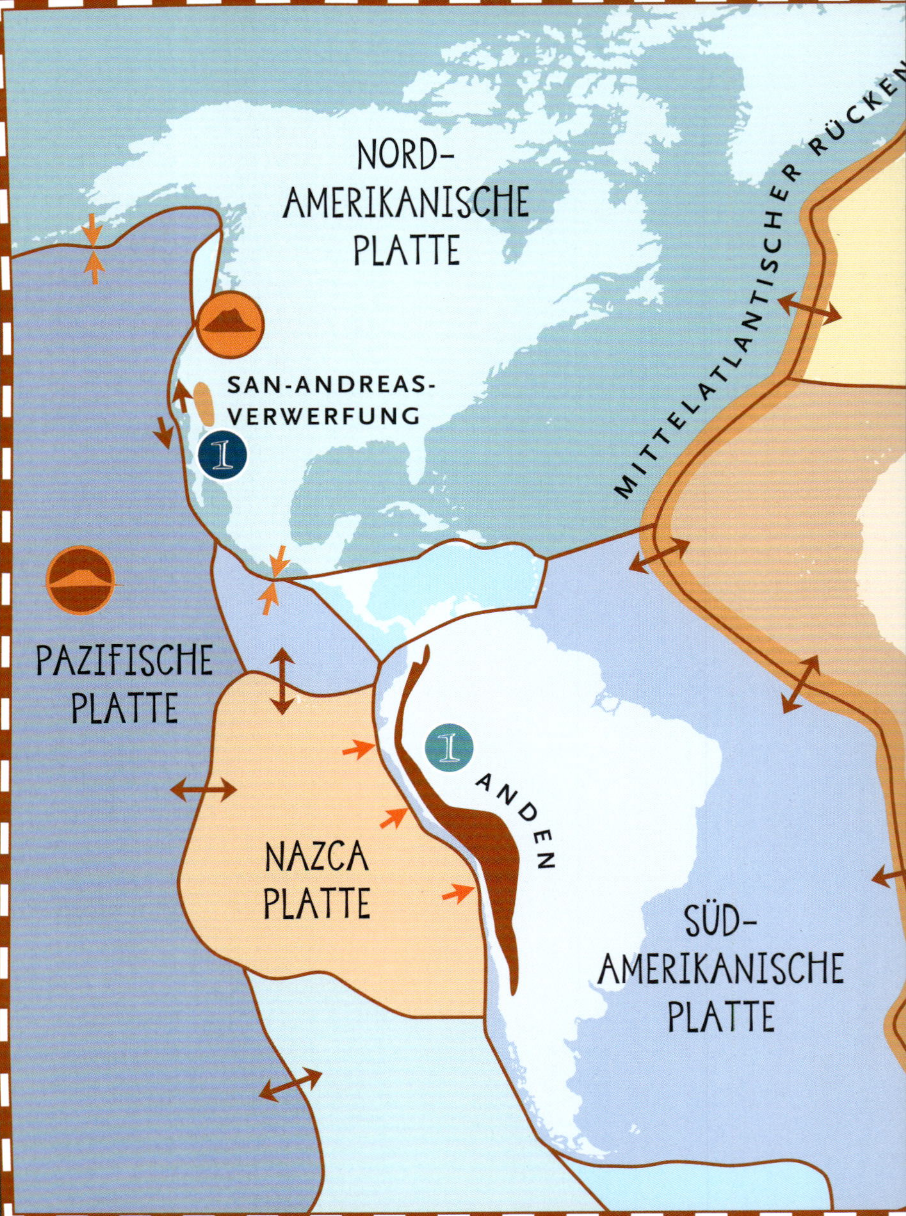

GEBIRGE

ANDEN

Die Anden in Südamerika entstanden vor rund 50 Mio. Jahren, weil sich die ozeanische Nazca-Platte unter die Südamerikanische Platte schob. Im Lauf der Jahrhunderte wurde so die längste Gebirgskette der Erde aufgetürmt und zahlreiche Vulkane brachen aus.

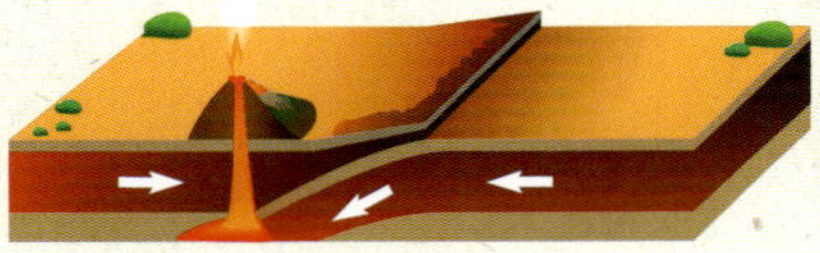

HIMALAYA

Der Himalaya in Asien ist ein typisches Faltengebirge. Hier bewegen sich die Eurasische und die Indische Platte aufeinander zu. Mit wenigen Zentimetern pro Jahr entstand so nach und nach das höchste Gebirge der Welt – mit mehreren 8000-m-Gipfeln.

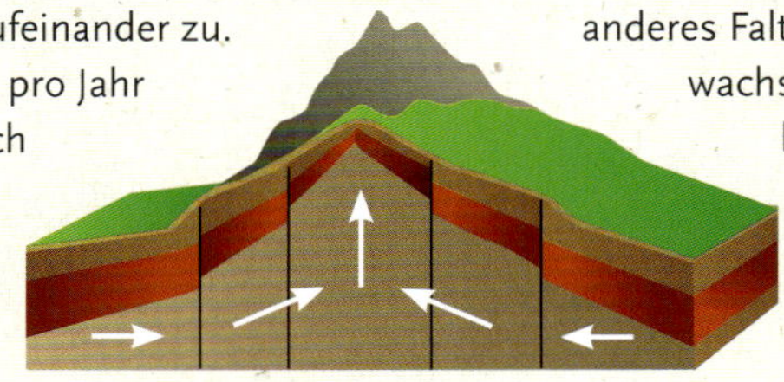

ALPEN

Etwa zeitgleich mit dem Himalaya – vor rund 30 bis 50 Mio. Jahren – begann auch ein anderes Faltengebirge in den Himmel zu wachsen: die Alpen in Europa. Hier bewegten sich die Eurasische Platte und ein Teil der Afrikanischen Platte aufeinander zu.

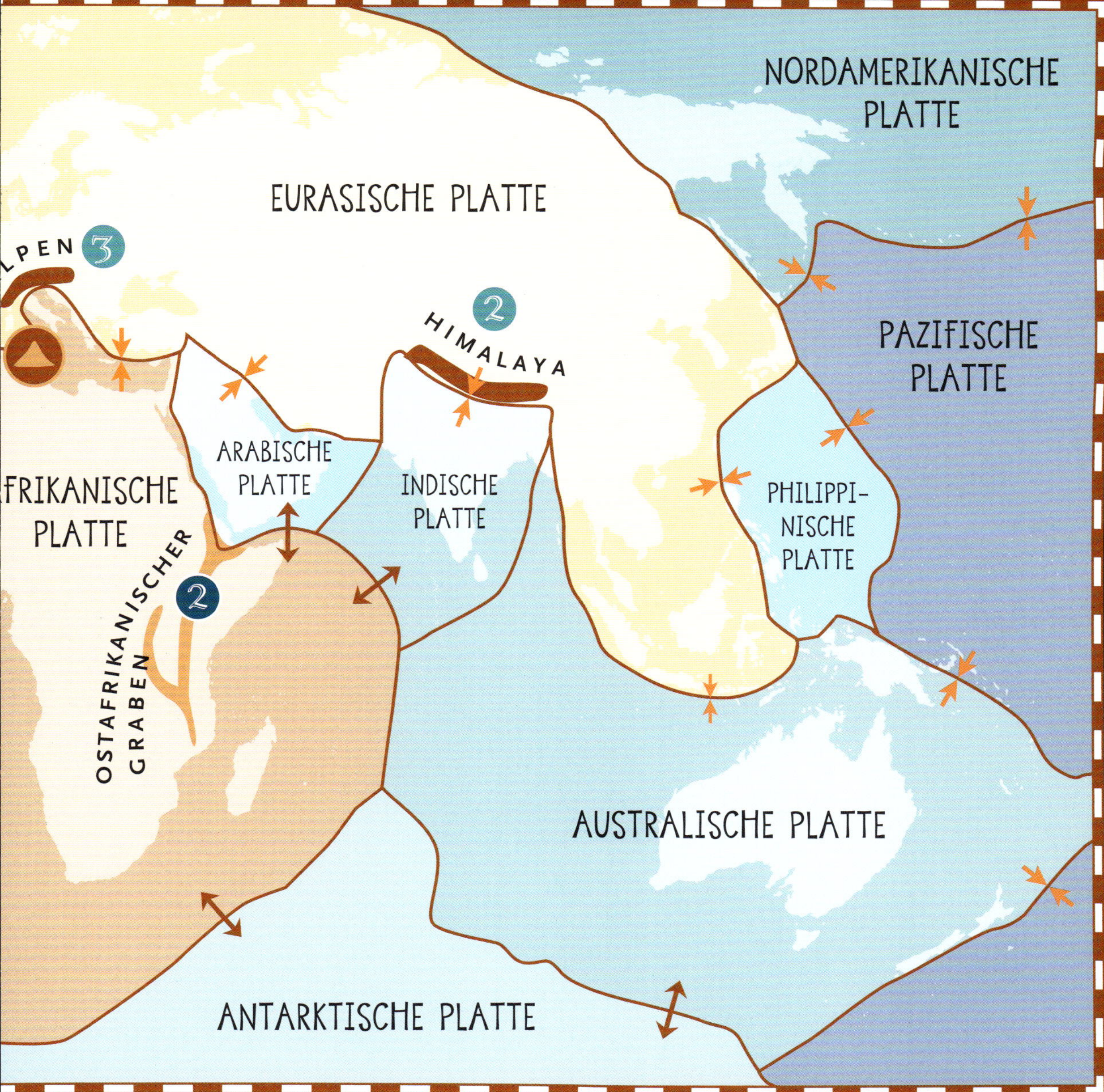

VULKANE

ÄTNA

Der größte und aktivste Vulkan Europas ist der Ätna auf Sizilien (Italien): Dort taucht die nord-afrikanische unter die Eurasische Platte ab. Der Ätna ist ein Schichtvulkan mit der typisch steilen Kegelform, die sich im Lauf der Zeit aus mehreren Lavaschichten auftürmte.

MOUNT ST. HELENS

Der Mount St. Helens ist ein Vulkandom mit erstarrtem Lavahügel in der Kratermitte. Er ist Teil des Pazifischen Feuerrings, der wie ein großes U den Pazifik umspannt. Dort treffen mehrere Erdplatten aufeinander, wodurch viele Vulkane entstanden sind.

MAUNA LOA

Wie viele Inseln sind auch die Hawaii-Inseln durch Vulkanausbrüche im Meer entstanden. Auf der Hauptinsel befindet sich der größte und aktivste Vulkan der Erde. Der Mauna Loa ist ein Schildvulkan mit einem sehr weitläufigen und flachen Lavakegel.

SAN-ANDREAS-VERWERFUNG

In Kalifornien driftet die Pazifische an der Nordamerikanischen Platte vorbei, wodurch die San-Andreas-Verwerfung entstand. Sie ist über 900 km lang. Verhaken sich die Platten, entstehen ungeheure Spannungen, die sich in Form von gewaltigen Erdbeben entladen.

OST-AFRIKANISCHER GRABEN

Im Osten Afrikas driften seit rund 20 Mio. Jahren zwei Platten langsam auseinander und formen dabei den Ostafrikanischen Graben. Durch die Kräfte der Plattenbewegung bilden sich die höchsten Berge und tiefsten Seen Afrikas. Auch im Atlantik driften die Erdplatten auseinander. Aus dem Spalt strömt wie bei einem Vulkan Magma hervor, das im Wasser erstarrt. So entstanden mächtige Gebirgsketten unter Wasser: der Mittelatlantische Rücken.

REGISTER

REGISTER

Q

R

S

T

U

V

W

Y

Z

IMPRESSUM & BILDNACHWEIS

Umschlaggestaltung von Maria Seidel, atelier-seidel.de, unter Verwendung eines Farbfotos von AdobeStock /1xpert.
Illustrationen von Petra Dorkenwald, München; Seyma Soydan, Frankfurt am Main.

Aktualisierte Ausgabe

ISBN 978-3-440-17289-6
Redaktion: Julia Hiller, Leonie Duppke
Kartografie: Kosmos Kartografie, Stuttgart, Annette Wrobel
Gestaltungskonzept: Andrea Köhrsen
Gestaltung und Satz: Buch-Werkstatt GmbH, Bad Aibling
Produktion: Verena Schmynec
Printed in Slovakia / Imprimé en Slovaquie

MIX Papier | Fördert gute Waldnutzung FSC® C084279

Fotos von Aaron Amat/Shutterstock.com: S. 95 Erdmännchen; adogslifephoto/Fotolia.com: S. 58 Taipan; AfricaImages/istockphoto.com: S. 74 Junge; Aguaviva/Fotolia.com: S. 77 Feigenkaktus; akg-images: S. 9 Vinlandkarte, S. 31 Marco Polo, Merveilles, fol. 3 r, S. 51 James Cook erreicht Tahiti / C.Mayer 18, S. 67 Amerigo Vespucci / kol. Kupferstich 16. Jh., S. 87 Howard Carter mit Sarg Tut-ench-Amuns; akg-images/De Agostini Picture Lib./S. Vannini: S. 9 Leif Eriksson; akg / North Wind Picture Archives: S. 67 Sitting Bull; Andranik7/Shutterstock.com: S. 87 Briefmarke; AndreAnita/Shutterstock.com: S. 101 Prachteiderente; Andrea Izzotti/Shutterstock.com: S. 58 Steinfisch; Andrew M. Allport/Shutterstock.com: S. 100 Sturmvogel; Anigozanthos flavidus Albany 2 by Cygnis insignis/Wikimedia Commons: S. 56 Kängurupfötchen; Aleksey Stemmer/Fotolia.com: S. 58 Aga-Kröte, S. 95 Ochsenfrosch; alessandrozocc/Fotolia.com: S. 41 Titanwurz; Alexander Morozov/Fotolia.com: S. 61 Ti Kouka; alfonstr/Fotolia.com: S. 9 Brücke; Ammit Jack/Shutterstock.com: S. 83 Vulkanausbruch; Amy Nichole Harris/Shutterstock.com: S. 63 Massai; andreanita/Fotolia.com: S. 40 Riesenseeadler, S. 43 Mandschurenkranich, S.101 Eisbär; Andreas Edelmann/Fotolia.com: S. 57 Karribaum; Andreas Sadek/SeaTops/OKAPIA: S. 58 Seewespe; Andrew Burgess/Shutterstock.com: S. 60 Leistenkrokodil; Andrey_Lobachev/Fotolia.com: S. 32 Samowar Briefmarke; Andrzej Tokarski/Fotolia.com: S. 41 Hibiskus; Andy Dean Photography/Shutterstock.com: S. 71 Junge; Anna Sedneva/Fotolia.com: S. 25 Edelweiß; Anton_Ivanov/Shutterstock.com: S. 88 Frauen auf dem Markt, S. 90 Junge, S. 108 Polare Zone; Alex Mit/Shutterstock.com: S. 105 Galaxie; Alexander Potapov/Fotolia.com: S. 25 Torfmoos; als/Fotolia.com: S. 20 Becherjungfer; Angel Simon/Fotolia.com: S. 21 Erdbeerbaum; anilah/Fotolia.com: S. 18 Kreta; Anna Kucherova/Shutterstock.com: S. 44 Komodowaran; Anton_Ivanov/Shutterstock.com: S. 80 Brüllaffe; Antrey/Fotolia.com: S. 24 Waldameise; Ariane Citron/Fotolia.com: S. 91 Zimtstange; Artens/Shutterstock.com: S. 109 Gemäßigte Zone; artjazz/Fotolia.com: S. 26 Rat der europäischen Union; Artyom Ernst: S. 42 Gobibär; Ashley Whitworth/Fotolia.com: S. 59 Quokka; Atiketta Sangasaeng/Shutterstock.com: S. 93 Baum der Reisenden; Audrey Snider-Bell/Shutterstock.com: S. 78 Klapperschlange; Australia Cairns 18/Wikimedia Commons: S. 60 Süßwasserkrokodil; A.Jedynak/Fotolia.com: S. 38 Palmen; arquiplay77/Fotolia.com: S. 25 Waldkiefer; Artshot/istockphoto.com S.12 Fjord; Audrey Snider-Bell/Shutterstock.com: S. 78 Klapperschlange; Bartosz Hadyniak/istockphoto.com: S.63 Tuareg; Bernd Schmidt/Shutterstock.com: S. 97 Tamariske; Boggy/Fotolia.com: S. 34 Baklava; brizardh/Fotolia.com: S. 73 Izalco, Santa Ana; brm1949/Fotolia.com: S. 22 Ochsenfrosch; Blend Images/Fotolia.com: S. 62 Maya, S. 86 Mädchen; BlueOrange Studio: S. 44 Orang-Utan, S. 54 Ozean; BMJ/Shutterstock.com: S. 100 Kaiserpinguin; Bob Reynolds/Shutterstock.com: S. 111 San Andreas-Verwerfung; Byelikova Oksana/Shutterstock.com: S. 97 Leberwurstbaum; Carlos Caetano/Fotolia.com: S. 44 Panzernashorn; catbird338/Fotolia.com: S. 81 Zitterpappel; Cbenjasuwan/Shutterstock.com: S. 77 Riesenseerose; cdelacy/Shutterstock.com: Warnhinweise Känguru, Wombat, Kamel; cecilewonderswhy/Fotolia.com: S. 51 Korallen; Chirasak Tolertmongkol/Shutterstock.com: S. 41 Frauenschuh; chrisdorney/Shutterstock.com: S. 67 Red Cloud; Christian Delbert/Fotolia.com: S. 47 Chichen Itza; Christian Musat/Fotolia.com: S.76 Biber, S. 95 Spitzmausnashorn; chas53/Fotolia.com: S. 76 Roter Kardinal; Christos Georghiou/Shutterstock.com: S. 106 Sonnensystem Hintergrund;Claudio Divizia/Fotolia.com: S. 26 Euromünzen; coffeemill/Fotolia.com: S. 24 Flamingo; cmeder istockphoto.com: S. 101 Beluga; compxl/Fotolia.com: S. 20 Steinbock; corbis_infinite/Fotolia.com: S. 98 Stockfisch; CREATISTA/Shutterstock.com: S. 34 Junge; creativenature.nl/Fotolia.com: S. 24 Etruskerspitzmaus; cybervelvet/Shutterstock.com: S. 103 Indischer Ozean; cynoclub/Fotolia.com: S. 24 Smaragdeidechse, S. 40 Rennmaus; dabldy/Fotolia.com: S. 74 Favela; DBPics/Fotolia.com: S. 81 Wasserreis; Darrin Henry/Fotolia.com: S. 73 Mädchen; davinab/Fotolia.com: S. 79 Seelöwe; Dchauy/Shutterstock.com: S. 110 Himalaya; Delphotostock/Fotolia.com: S. 93 Flammenbaum; denboma/Fotolia.com: S. 14 Brügge; Denis Chichinkin/Fotolia.com: S. 60 Skink; Dennis Jacobsen/Shutterstock.com: S. 94 Kometenfalter; Dennis van de Water/Shutterstock.com: S. 94 Mausmaki; Denys Kurylow/Shutterstock.com: S. 41 Banane; Designua/Shutterstock.com: S. 110/111 Grafiken Vulkane, Erdplatten; de2marco/Shutterstock.com: S. 45 Rauschbeere; diego cervo/Fotolia.com: S. 66; dieter76/Fotolia.com: S. 79 Schildkröte mit Ei; Dieter Hawlan/Fotolia.com: S. 87 Sargophag; Dirk van der Walt/Shutterstock.com: S. 61 Pohutukawa; Dirk Vonten/Fotolia.com: S. 11 Gletscherlagune; dislentev/Fotolia.com: S. 47 Cristo Redentor; Display/istockphoto.com: Seewespen Warnung; Distraction Arts/Fotolia.com: S. 99 Pinguin; Dmytro Pylypenko/Shutterstock.com: S. 100 Krill; Domsta/istockphoto.com: S. 109 Tropen; Dmitry/Fotolia.com: S. 97 Lebende Steine; Domsta/istockphoto.com: S. 77 Würgefeige; Downunderphoto/Shutterstock.com: S. 91 Süßkartoffeln; Dstephens/istockphoto.com: S. 18 Taucher; Dudarev Mikhail/Shutterstock.com: S. 63 Hintergrund, S. 81 Scharlach-Erdbeere, S. 97 Affenbrotbaum; dynamofoto/Fotolia.com: S. 39 Schildkröte, S. 58 Blaugeringelte Krake; EastVillageImages/Fotolia.com: S. 87 Grabkammer; eastmanphoto/Fotolia.com: S. Fennek; EcoView/Fotolia.com: S. 87 Höhlenmalerei, S. 91 Boot; emberiza/Fotolia.com: S. 41 Maulbeerbaum; emer/Fotolia.com: S. 21 Blauer Eisenhut; S. 22 Ambrosie; S. 40 Gingko, S. 45 Wildtulpe,S. 25 Enzian; Emi Cristea/Fotolia.com: S. 15 Matterhorn; Ermolaev Alexandr/Fotolia.com: S. 43 Bengalkatze; Eric Isselée/Fotolia.com: S. 22 Waschbär, S. 23 Eichhörnchen, S. 23 Heupferd, S. 23 Erdkröte, S. 23 Rotfuchs, S. 23 Fischotter, S. 23 Blindschleiche, S. 24 Steinkauz, S. 24 Bergmolch, S. 24 Wildschwein, S. 24 Maulwurf, S. 24 Holzbiene, S. 20 Seehund, S. 42 Jemenchamäleon, S. 42 Leopardgecko, S. 42 Goldhamster, S. 42 Tagpfauenauge, S. 42 Krauskopfpelikan, S. 42 Karakal, S. 43 Mandarinente, S. 44 Pfau, S. 44 Bengaltiger, S. 56 Kiwi, S. 58 Fuchs, S. 58 Katze, S. 58 Kaninchen, S. 59 Riesenkänguru, S. 59 Emu, S. 59 lachender Hans, S. 59 Kragenechse, S. 59 Koala, S. 76 Grizzly, S. 76 Waschbär, S. 78 Bison, S. 78 Weißkopfseeadler, S. 78 Streifenskunk, S. 78 Mississippi-Alligator, S. 78 Puma, S. 78 Rotknievogelspinne, S. 79 Gürteltier, S. 79 Ameisenbär, S. 79 Meerschweinchen, S. 79 Chincilla, S. 79 Andenkondor, S. 80 Herkuleskäfer, S. 92 Wüstenhornviper; S. 92 Dornschwanzagame; S. 94 Panther-Chamäleon, S. 94 Katta, S. 95 Erdferkel, S. 95 Marabu, S. 95 Netzgiraffe, S. 95 Flusspferd, S. 95 Steppenzebra, S. 95 Löwe, S. 95 Afrikanischer Elefant, S. 96 Graupapagei, S. 96 Panther, S. 96 Grüne Mamba, S. 96 Okapi, S. 96 Schimpanse, S. 96 Berggorilla, Eric Isselée, Shutterstock: S. 23 Reh; S. 20 Murmeltier; S. 94 Madagaskar-Buntfrosch; Erica Guilane-Nachez/Fotolia.com: S. 87 Menschen am Strand; Erni/Fotolia.com: S. 22 Signalkrebs, S. 101 Eissturmvogel; Everett Historical/Shutterstock.com: S. 67 Columbus beim spanischen König, Columbus an Bord; ExQuisine/Fotolia.com: S. 77 Kakaobaum; F. JIMENEZ MECA/Shutterstock.com: S. 26 Europäischer Gerichtshof; Fanfo/Shutterstock.com: S. 18 Hefebällchen; Farinoza/Fotolia.com: S. 42 Stachelschwein; feathercollector/Fotolia.com: S. 43 Buntfasan; Feng Yu/Fotolia.com: S. 60 Wellensittich; fischers/Fotolia.com: S. 14 Brüssel; fotomaximum/Fotolia.com: S. 54 Hütten im Meer; fotonen/Fotolia.com: S. 21 Fliegenpilz; Foxy's Forest Manufacture/Shutterstock: S. 52 Pavlova; feathercollector/Shutterstock.com: S. 80 Hoatzin; Frank Hecker: S. 45 Zwergbirke; Frank Wagner/Fotolia.com: S. 45 Saxaul; frenk58/Fotolia.com: S. 34 Gewürze; fudio/Fotolia.com: S. 68 Ahornsirup; Fulcanelli/Shutterstock.com: S. 94 Leopard; gb/Fotolia.com: S. 77 Weihnachtsstern; GCPabloImages/Fotolia.com: S. 57 Banksie; Gerald Cubitt/BIOS/OKAPIA: S. 56 Kakapo; Gina Sanders/Fotolia.com: S. 31 Gewürze; S. 32 Roter Platz; Giulio Meinardi/Fotolia.com: S. 54 Palmen; Givaga/Fotolia.com: S. 67 Tomaten; Gladskikh Tatiana/Shutterstock.com: S. 11 Junge; Gleb Tarassenko/Fotolia.com: S. 68 Braunbären; glorcza/Shutterstock.com: S. 47 Icons; goldenjack/Shutterstock.com: S. 61 Papaya; Gold Stock Images/Fotolia.com: S. 75 Tänzerin; Graham R Prentice/Shutterstock.com: S. 56 Weta; grandaded/Fotolia.com: S. 22 Marienkäfer; Gresei/Fotolia.com: S. 71 Wrap; gradt/Fotolia.com: S. 61 Kiwi; guentermanaus/Shutterstock.com: S. 80 Flussdelfin; Guzel Studio/Fotolia.com: S. 67 Maya Kunst, S. 71 Donut; Hannamariah/Shutterstock.com: S. 68 Skyline; Heiko Bellmann/Frank Hecker: S. 25 Alpenglöckchen, S. 25 Alpenmannsschild; Henrik Larsson/Fotolia.com: S. 25 Sonnentau; homydesign/Shutterstock.com: S. 16 bunte Kacheln; homydesign/Fotolia.com: S. 16 Pastel de Nata; IgorGolovniov/Shutterstock.com: S. 67 Crazy Horse; imageBROKER/Günter Lenz: S. 98 Mädchen mit Hund; imagemaker1/Fotolia.com: S. 51 Great Barrier Reef; Ina Raschke/Shutterstock.com: S. 56 Zwergpinguin; Incredible Arctic/Fotolia.com: S. 108 Subpolare Zone; Ingo Bartussek/Fotolia.com: S. 9 Euro; inuksuk/Fotolia.com: S. 78 Wapiti-Hirsch; iofoto/Fotolia.com: S. Zuckerahorn; IrinaK/Shutterstock.com: S. 76 Lachs, S. 78 Wüstenkrötenechse, S. 81 Mesquitestrauch; ivandon/Fotolia.com: S. 40 Burunduk; JackF/Fotolia.com: S. 20 Schneeeule; S. 20 Rentier, S. 40 Wolf, S. 42 Kamel, S. 79 Guanako, Jackin/Fotolia.com: S. 31 Lampion; jamenpercy/Fotolia.com: S. 12 Nordlichter; James Thew/Fotolia.com: S. 82 Wirbelsturm, S. 107 Komet; James van den Broek/Shutterstock.com: S. 58 Trichternetzspinne; Jandrie Lombard/Shutterstock.com: S. 102 Atlantischer Ozean; Jan Adamica/Fotolia.com: S. 40 Berglemming; Jan Gottwald/Shutterstock.com: S. 92 Mendesantilope; Jan Woloszczuk/Fotolia.com: S. 19; Janusz Pienkowski/Shutterstock.com: S. 40 Moorfrosch; jaroon/istockphoto.com: S.16 Mädchen, S. 68 Mädchen; javarman/Shutterstock.com: S. 94 Aye-Aye; Jessmine/Fotolia.com: S. 97 Datteln; Joachim Opelka/Fotolia.com: S. 25 Birkenpilz; joanna wnuk/Fotolia.com: S. 93 Kannenpflanze; Jean-Paul Ferrero/Auscape/SAVE: S. 56 Kagu, S. 97 Bitterkürbis; Jez Bennett/Shutterstock.com: s. 95 Büffel; jreika/Shutterstock.com: S. 36 Teigtasche; JTang/Shutterstock.com: S. 42 Gold-Stumpfnasenaffe; juancat/Fotolia.com: S. 99 Eisberg; Juan Algar/Fotolia.com: S. 44 Asiatischer Elefant; Juan Gracia/Shutterstock.com: S. 100 Finnwal; Jung Hsuan/Shutterstock.com: S. 102 Hintergrund; jupeart/Shutterstock.com: S. 104 Weltall; kajornyot/Shutterstock.com: S. 44 Doppelhornvogel; kamonrat/Fotolia.com: S. 96 Nilkrokodil; kanonsky/Fotolia.com: S. 67 Maya Tempel; karamysh/Shutterstock.com: S. 42 Wildschaf; kasto/Fotolia.com: S. 46 Cristo Redentor, S. 46 Pyramiden von Gizeh; kavring/Fotolia.com: S. 25 Landkartenflechte; kensorrie/istockphoto.com: S. 12 Ålesund; Ken Brown/istockphoto.com: S. 14 Briefmarke Tin Tin; Kevin Landwer-Johan/istockphoto.com: S. 63 Moken; Kiev.Victor/Shutterstock.com: S. 27 Statue vor EU-Parlament; kiwisoul/Fotolia.com: S. 41 Rhododendron; Kjpargeter/Shutterstock.com: S. 107 Meteoroid; Kletr/Fotolia.com: S. 92 Dromedar; klemenr/Fotolia.com: S. 47 Petra; Knumina Studios/Shutterstock.com: S. 99 Schilderbaum; Krailurk Warasup/Shutterstock.com: S. 57 Fieberbaum, S. 61 Frangipani; Kseniya Ragozina - Fotolia.com : S. 110 Anden; Kushnirov Avraham/Fotolia.com: S. 11 Geysir; K.A.Willis/Shutterstock.com: S. 60 Tasmanischer Teufel; Lakeview Images/Shutterstock.com: S. 61 Harekeke; LazingBee/istockphoto.com: S. 61 Silberfarn; Leonid Andronov/Shutterstock.com: S. 26 EU-Parlament; LianeM/Fotolia.com: S. 21 Margerite; S.22 Mink; LilKar/Shutterstock.com: S. 108 Jahreszeiten; lily/Fotolia.com: S. 47 Chinesische Mauer; Lisa S./Shutterstock.com: S. 82 Überflutung; litchi cyril/Fotolia.com: S. 74 Karneval; lom742/Fotolia.com: S. 31 Kamel; longquattro Shutterstock.com: Windrose; lorcel/Fotolia.com: S.70 Hollywood, S. 71 Yellowstone; LUCARELLI TEMISTOCLE/Shutterstock.com: S. 63 San; lunamarina/Fotolia.com: S. 31 Seidenspinner; Madlen/Shutterstock.com: S. 81 Kapuzen-Flechte; Maksym Bondarchuk/Shutterstock.com: S. 25 Lärche; Manfred Ruckszio/OKAPIA: S.22 Wasserpest; manusy/Shutterstock.com: S. 93 Madagaskarpalme; MAR007/Shutterstock.com: S. 32 Samowar auf Postkarte; Marco Uliana/Fotolia.com: S. 20 Alpenapollo; MarcoMonticone/Fotolia.com: S. 99 Menschen im Schnee; marialauradr/Fotolia.com: S. 73 Tukan; Mark Dumbleton/Shutterstock.com: S. 111 Ostafrikanischer Graben; mark higgins/Shutterstock.com: S. 59 Schnabeligel; Mark Kostich/istockphoto.com: S. 73 Frosch; Mariia Pazhyna/Fotolia.com: S. 31 Karawane; Mariusz S. Jurgielewicz/Shutterstock.com: S. 57 Teebaum; Martin Bisof/Shutterstock.com: S. 47 Machu Picchu; Martin Fowler/Shutterstock.com: S. 61 Kōwhai; Martin Lehmann/Shutterstock.com: S. 16 Straßenbahn; Marco Tomasini/Fotolia.com: S. 60 Wombat; Marco Uliana/Fotolia.com: S. 78 Monarchfalter; Martin M303/Shutterstock.com: S. 111 Ätna; Martina Berg/Fotolia.com: s. 42 Goldschakal; Marisa Estivill/Shutterstock.com: S. 111 mari_five/Fotolia.com: S. 96 Achatschnecke; mattiaath/Fotolia.com: S. 97 Schirmakazie; Matthias Krüttgen/Fotolia.com: S. 77 Quindio-Wachspalme; Mauna Loa; marqs/Fotolia.com: S. 27 Flaggen, S. 34 Blaue Moschee Innenraum; Maslov Dmitry/Fotolia.com: S. 45 Lärche; MasterLu/istockphoto.com: S. 10 Piccadilly Circus; master2/istockphoto.com: S. 90 Haus auf Pfählen; mayakova/Shutterstock.com: S. 90 Bananenchips; mtaira/Fotolia.com: S. 83 Tsunami; Maxfocus/istockphoto.com: S. 71 Devils Tower; mehmetcanturkei/Fotolia.com: S. 34 Derwischtänzer; Michael Rosskothen/Fotolia.com: S. 67 Segelschiffe; michaklootwijk/Fotolia.com: S. 80 Brüllaffe; Mike Price/Shutterstock.com: S. 100 Orca; mikolajn/Fotolia.com: S. 32 Puppen; Milosz_M/Shutterstock.com: S. 73 Café; MirasWonderland/Shutterstock.com: S. 80 Baumsteiger; Monkey Business Images/Shutterstock.com: S. 48; Moyra Miller/Fotolia.com: S. 43 Moschushirsch; murasal/Fotolia.com: S. 21 Baum-Wolfsmilch; M. Cornelius/Shutterstock.com: S. 81 Sitka-Fichte; M.studio/Fotolia.com: S. 32 Blinys; M. & I. Morcombe/OKAPIA: S. 60 Honigbeutler; Nacho Such/istockphoto.com: S. 73 Faultier; narumol pug/Fotolia.com: S. 54 Junge; Naska Raspopina/Shutterstock.com: S. 56 Takahe; NAS/Dante Fenolio/OKAPIA: S. 43 Riesensalamander; NAS/Richard Ellis/OKAPIA: S. 76 Narwal; Naypong/Shutterstock.com: S. 83 Erdbeben; Neftali/Shutterstock.com: S. 31 Briefmarke Marco Polo, S. 51 Briefmarke James Cook; neirfy/Fotolia.com: S. 18 Tempel; Nicholas Rjabow/Shutterstock.com: S. 56 Brillenpelikan; Nicolette Wollentin/Fotolia.com: S. 40 Przewalski Pferd; Nikada/istockphoto.com: S. 34 Blaue Moschee; Nikita Gusakov/Shutterstock.com: S. 10 London Eye; nimblelynx/Fotolia.com: S. 11 Vatnajökull; nipaporn/Fotolia.com: S. 54 Blume; N Mrtgh/Shutterstock.com: S. 109 Subtropen Wüste; Ocean spirit/Fotolia.com: S. 38 Kokosnuss; Okapia/imageBROKER/Christian Handl: s. 97 Welwitschie; Okapia/imageBROKER/Christian Zappel: S. 96 Manati; Okapia/imageBROKER/Creativ Studio Heinemann: S. 77 Passionsblume; Okapia/imageBROKER/Horst Mahr: S. 56 Tuatara; Okapia/imageBROKER/Thorsten Negro: S. 93 Stern von Madagaskar; Okapia/imageBROKER/Wigbert Röth: S. 77 Königin der Anden; Okapia/imageBROKER/Wilfried Martin: S. 20 Kranich; Olaf Speier/Fotolia.com: S. 21 Zistrose; Ole Houen/Shutterstock.com: S. 110 Alpen; Oleg Kozlov/Fotolia.com: S. 24 Landschildkröte; Oleksiy Mark/Fotolia.com: S. 80 Tukan; Olga Khoroshunova/Fotolia.com: S. 38 Chocolate Hills; omega77/Fotolia.com: S. 43 Speikobra; Ondrej Prosicky/Shutterstock.com: S. 80 Kolibri; oscity/Fotolia.com: S. 71 the wave; ottochka/Fotolia.com: S. 21 Pfingstrose; outdoorsman/Shutterstock.com: S. 101 Eisfuchs; Ornitolog82/Fotolia.com: S. 23 Kuckuck; oversnap/istockphoto.com: S 88 Palast, S. 98 Verkehrsschild, S. 98 Häuser; panuruangjan/Fotolia.com: s. 42 Smaragdspint; Paolo Querci/Shutterstock.com: S. 9 Elevador, Padrão de Descubrimentos; Paolo Sartorio/Shutterstock.com: S. 108 Hintergrund; Patricia Hofmeester/Shutterstock.com: S. 63 Maori; Patrick K. Campbell/Shutterstock.com: S. 80 Anakonda; Patrik Stedrak/Shutterstock.com: S. 56 Weka; paulmz/Shutterstock.com: S. 88 Junge; paulaphoto/istockphoto.com: S. 28, S. 36 Mädchen; paulcowell/Fotolia.com: S. 39 Taucher; Pete Gallop/Shutterstock.com: S. 92 Sandkatze; petrenkoua/Fotolia.com: S. S. 81 Riesenmammutbaum; petrsalinger/Fotolia.com: S. Rose von Jericho;PHB.cz/Fotolia.com: S. 21 Korkeiche; PavelSvoboda Shutterstock.com: S. 98 Hundeschlitten; Photofollies/Fotolia.com: S. 67 Maya Statue; Photography by Marc/Shutterstock.com: S. 82 Hintergrund; PhotoSG/Fotolia.com: S. 22 Herkulesstaude; photosvac/Fotolia.com: S. 76 Elch; pialemmel/istockphoto.com: S. 13 Berg der Kreuze; picattos/Fotolia.com: S. 79 Blaufußtölpel; picturedesigner/Shutterstock.com: S. 12 Stockfisch; Pierdelune/Shutterstock.com: S. 98 Schneeschuhe; Pigprox/Shutterstock.com: S. 42 Schneeaffe; pilipenkoD/istockphoto.com: S. 100 Krabbenfresserrobbe, S. 100 Seeleopard; pitrs/Fotolia.com: S. 98 Eintopf; pinkyp/Fotolia.com: S. 60 Herkulesfalter; pixelparticle/Shutterstock.com: S. 106 Nachthimmel Hintergrund; Pixeltheater/Fotolia.com: S.88 Hütte; Poh Yong Hong/Shutterstock.com: S. 41 Rafflesia Arnoldii; Polarpx/Fotolia.com: S. 80 Morphofalter; Popova Olga/Fotolia.com: S. 45 Widertonmoos, S. 45 Rentierflechte; powell'sPoint/Shutterstock.com: S. 101 Blauwal; PRILL Mediendesign/Fotolia.com: S. 24 Bänderschnecke; Przykuta/Wikimedia Commons: S. 45 Flachbärlapp; Puschel Smileus/Fotolia.com: S. 77 Darwin Baumwolle; pzAxe/Shutterstock.com: S. 44 Schabrackentapir; Przemyslaw Skibinski/Shutterstock.com: S. 82 Dürre; ihsanGercelman/istockphoto.com: S. 14 Manneken Pis; rabbit75_fot/Fotolia.com: S. 68 Québec; Radek Sturgolewski/Fotolia.com: S. 46 Felsenstadt Petra; Rafael Ben-Ari/Fotolia.com: S. 51 Aborigine, S. 51 James Cook, S. 54 Bananengericht, S. 62 Aborigine, S. 103 Pazifischer Ozean; Rainer Albiez/Shutterstock.com: S. 110 Hintergrund; Rat007/Shutterstock.com: S. 37 Zhangye Danxia; raw206/istockphoto.com: S. 63 Ainu; Reisbegeleider.com/Shutterstock.com: David Livingstone; Renate Wefers/Shutterstock.com: S. 84; Richard Carey/Fotolia.com: S. 60 Suppenschildkröte; rieswil/Fotolia.com: S. 78 Singzikade; rimglow/Fotolia.com: S. 9 Vikingerschiff S. 12 Moltebeere; reptiles4all/Shutterstock.com: S. 56 Grüngecko, S. 92 Wüstenspringmaus, S. 94 Streifentanrek; risteski goce/Shutterstock.com: S. 109 Subtropen Bäume; rj lerich/Shutterstock.com: S. 73 kochende Frau; Roberto A Sanchez/istockphoto.com: S. 67 Landkarte; robyelo357/Fotolia.com: S. 18 Junge; Romolo Tavani/Fotolia.com: S. 104 Welt aus dem All Hintergrund; rook76/Fotolia.com: S. 51 Briefmarke Neuseeland; Rosa Frei/Fotolia.com: S. 97 Arganbaum; rwarnick/istockphoto.com: S. 105 Sonnensystem r.o. Hintergrund; Ryan M. Bolton/Shutterstock.com: S. 44 Nasenaffe; RyersonClark/istockphoto.com: S. 62 Inuit; ryzhkov_sergey/Fotolia.com: S. 24 Bienenfresser, S. 40 Sibirischer Tiger, S. 92 Schmutzgeier; Samuel Borges/Fotolia.com: S. 52 Mädchen; sborisov/istockphoto.com: S. 70 Manhatten; Scisetti Alfio/Fotolia.com: S. 57 Eukalyptus; SeDmi/Shutterstock: S. 77 Kartoffelpflanze; SeanPavonePhoto/Fotolia.com: S. 37 Karstlandschaft, S. 46 Chinesische Mauer Hintergrundfoto; seb2583/Fotolia.com: S. 47 Tadsch Mahal; selensergen/Fotolia.com: S. 81 Sagura-Kaktus; Sergei Aleshin/Shutterstock.com: S. 16 Brücke; Sergey Kamshylin/Fotolia.com: S. 51 Weltkarte; Sergey Novikov/Shutterstock.com: S. 6, S. 102 Golfstrom; Sergey Yarochkin/Shutterstock.com: S. 41 Ginseng; serkat Photography/Shutterstock.com: S. 15 Matterhorn; Shaun Jeffers/Shutterstock.com: S. 61 Kauri-Baum; shootingankauf/Fotolia.com: S. 75 Titicacasee; silentwings/Shutterstock.com: S. 63 Adivasi; Simon Dannhauer/Fotolia.com: S. 73 Regenwald; Simone Werner-Ney/Fotolia.com: S. 21 Rotbuche; Singburi/Fotolia.com: S. 93 Nestfarn; singidavar/Fotolia.com: S. 18 Meeresfrüchte; sirikorn_t/Fotolia.com: S. 38 Junge; Smileus/Fotolia.com: S. 45 Tanne, S. 51 Känguru, S. 77 Baumwolle; snaptitude/Fotolia.com: S. 43 Kragenbär; somchaij/Fotolia.com: S. 70 Las Vegas; Songquan Deng/Shutterstock: S. 70 Chicago; sophie Dauwe/istockphoto.com: S. 63 Fulbe; Sopotnicki/Shutterstock.com: S. 89 Stoffe; Skafrica/istockphoto.com: S. 88 Stadt aus Lehm; skyfish/Shutterstock.com: S. 26 EU-Kommission; sommai/Fotolia.com: S. 57 Macadamia; Songquan Deng/Shutterstock.com: S. 10 Underground; SonjaMildner/Fotolia.com: S. 90 Frucht; Stacy Barnett/Fotolia.com: S. 32 Mädchen; Stanislav Fosenbauer/Shutterstock.com: S. 56 Kea; Stéphane Bidouze/Shutterstock.com: S. 57 Mangrovenbaum; stockcreations/Shutterstock.com: S. 11 Pommes Frites; SOMATUSCANI/Fotolia.com: S. 102 Kanarenstrom; suego904/Fotolia.com: S. 58 Dingo; SunnyS/Fotolia.com: S. 45 Heidelbeere; Sura Nualpradid/Shutterstock.com S. 89 Fufu; SurangaSL/Shutterstock.com: S. 69 Niagarafälle, S. 104 Milchstraße; Swapan/Fotolia.com: S. 90 Ingwer; swisshippo/Fotolia.com: S. 43 Panda, S. 87 Wand; Sylvie Bouchard/Fotolia.com: S. 101 Moschusochse; Tammy616/istockphoto.com: S. 58 Kegelschnecke; Tatiana Volgutova/Shutterstock.com: S. 81 Schmalblättriges Weidenröschen; tenedos/Fotolia.com: S. 99 Iglu; tenglao/Fotolia.com: S. 31 Seide; Thomas Francois/Fotolia.com: S. 68 Pancakes; Thomas Melcher/Fotolia.com: S. 20 Steinadler; thomathzac23/Fotolia.com: S. 74 Christusstatue; Tiler84/Fotolia.com: S. 25 Moorbirke; Tomboy2290/istockphoto.com: S. 57 Goldene Akazie; Tom and Pam Gardner-FLPA/imageBROKER/OKAPIA: S. 60 Riesengleitbeutler; tommypic/Fotolia.com: S. 79 Meerechse, S. 79 Riesenschildkröte; trekandshoot/Shutterstock.com: S. 70 Route 66; tsach/Fotolia.com: S. 21 Olivenbaum; tuelekza/Fotolia.com: S. 41 Lotosblume; tunedin/Fotolia.com: S. 22 Sommerflieder; turtix/Shutterstock.com: S. 71 Redwood Nationalpark; Ukmooney/Shutterstock.com: S. 93 Fächerpalme; unclepodger/Fotolia.com: S. 27 Flaggen; Unclesam/Fotolia.com: S. 55 Frucht, S. 57 Strandkasuarine, S. 61 Tamarinde; unpict/Fotolia.com: S. 21 Buschwindröschen; Vadim Petrakov/Shutterstock.com: Victoriafalls; vainillaychile/Shutterstock: S. 93 Maulbeerfeige Frucht; Valeriy Poltorak/Shutterstock.com: S. 111 Mount St. Helens; VaLiza/Shutterstock.com: S. 14 Junge; Veronika Galkina/Fotolia.com: S. 47 Kolosseum; Villiers Steyn/Shutterstock.com: S. 93 Maulbeerfeige; vipersgarden/Fotolia.com: S. 20 Alpensalamander; Vinicius Tupinamba/Fotolia.com: S. 74 Brötchen; Visun Khankasem/Shutterstock.com: S. 61 Mango; Vitalii Hulai/Fotolia.com: S. 23 Distelfalter; S. 24 Ringelnatter; Vlad Karavaev/Shutterstock.com: S. 62 Aymara; Vlada Z/Shutterstock.com: S. 62 Samen; Vladimir Melnik/Fotolia.com: S. 25 Mohn, S. 76 Walross, S. 101 Sattelrobbe; Vladimir Sevrinovsky/Shutterstock.com: S. 40 Saiga-Antilope; vladislav333222/Fotolia.com: S. 43 Schneeleopard, S. 52 Postkartenmotiv rote Steine; voddol/Fotolia.com: S. 97 Dattelpalme; Volker Haak/Fotolia.com: S. 37 Yuann; Volker Werner/Fotolia.com: S. 15 Zugspitze; Volt Collection/Shutterstock.com: S. 94 Blattschwanzgecko, S. Adeliepinguin; Vydunas/Shutterstock.com: S. 92 Dickschwanzskorpion; voltan/Fotolia.com: S. 45 Preiselbeere; S. 45 Siebenstern; Watkung/Fotolia.com: S. 94 Riesenkugel-Tausendfüßer; wemm/Fotolia.com: S. 103 Humboldtstrom; weseetheworld/Fotolia.com: S. 21 Stieleiche; Wibke Woyke/OKAPIA: S. 92 Skarabäus; Wildijck/Shutterstock.com: S. 93 Kapokbaum; wildman/Fotolia.com: S. 12 Mädchen; withGod/Shutterstock.com: S. 40 Baikalrobbe; Witold Krasowski/Fotolia.com: S. 23 Hecht; Wolfgang Kruck/Fotolia.com: S. 20 Alpendohle; Worakit Sirijinda/Fotolia.com: S. 79 Nandu; worldswildlifewonders/Shutterstock.com: S. 52 Känguru, S. See-Elefant; wusuowei/Fotolia.com: S. 44 Roter Panda; yongkiet/Fotolia.com: S. 44 Radnetzspinne; Yongyut Kumsri/Shutterstock.com: S. 98 Mann mit Fisch; yulenochekk/Fotolia.com: S. 32 Kreml; yvdavid/Fotolia.com: S. 14 Waffel; o6photo/Fotolia.com: S. 41 Riesenbambus; 3dmentat/Fotolia.com: S. 107 Asteroid; 3drenderings/Fotolia.com: S. 59 Schnabeltier

ISLAND
EUROPÄISCHES NORDMEER
Nördlicher Polarkreis
N
W
O
S
NORWEGEN
SCHWEDEN
OSLO
STOCKHOLM
TALLINN
RIGA
NORDSEE
GROSSBRITANNIEN UND NORDIRLAND
IRLAND
DUBLIN
DÄNEMARK
KOPENHAGEN
OSTSEE
LITAUEN
zu Russland
VILNIUS
NIEDERLANDE
AMSTERDAM
LONDON
BERLIN
WARSCHAU
ATLANTISCHER
OZEAN
BRÜSSEL
BELGIEN
DEUTSCHLAND
POLEN
LUXEMBURG
LUXEMBURG
PARIS
PRAG
TSCHECHIEN
SLOWAKEI
BRATISLAVA
WIEN
FRANKREICH
BERN
VADUZ
SCHWEIZ
LIECHTENSTEIN
ÖSTERREICH
BUDAPEST
UNGARN
SLOWENIEN
LJUBLJANA
ZAGREB
KROATIEN
BOSNIEN UND HERZEGOWINA
BELGRAD
SARAJEVO
SERBIEN
MONACO
SAN MARINO
ITALIEN
ANDORRA
ANDORRA LA VELLA
PORTUGAL
MADRID
SPANIEN
LISSABON
VATIKANSTADT
ROM
PODGORICA
MONTENEGRO
PRISTINA
KOSOVO
SOFIA
SKOPJE
NORDMAZEDONIEN
TIRANA
ALBANIEN
GRIECHENLAND
MITTELMEER
ALGIER
TUNIS